맨 처음 씨앗의 마음

맨 처음 씨앗의 마음

시애틀 추장 외 지음 · 서율택 엮음

그림같은세상

엮은이 서율택

전문번역가. 1965년에 태어나 연세대학교 화학과를 졸업했다. 브리태니커 백과사전의 자연과학 분야를 우리말로 옮기는 작업에 참여했으며, 웅진학생백과사전의 사회과학 분야를 번역·집필했다. 번역서로는 『내가 알아야 할 모든 것은 아버지에게서 배웠다』『탄압받는 과학자들과 그들의 발견 1·2』『영화연기워크샵』『소련문예사전』『내 안에서 하나가 모두에 이르게 하소서』 등이 있다.

맨 처음 씨앗의 마음 ⓒ 들녘 2002

초판 1쇄 발행일 · 2002년 2월 9일
중판 1쇄 발행일 · 2007년 3월 15일

지은이 · 시애틀 추장 외
엮은이 · 서율택
펴낸이 · 이정원

펴낸곳 · 도서출판 들녘
등록일자 · 1987년 12월 12일
등록번호 · 10-156
주소 · 경기도 파주시 교하읍 문발리 출판문화정보산업단지 513-9
전화 · 마케팅 031-955-7374, 편집 031-955-7381
팩시밀리 · 031-955-7393
홈페이지 · www.ddd21.co.kr

값은 뒤표지에 있습니다. 잘못된 책은 구입하신 곳에서 바꿔드립니다.
ISBN · 978-89-7527-567-8 (03890)

킴같은세상은 시와 산문을 출간하는, 도서출판 들녘의 디비전입니다.

차례

엮은이의 글 • 7
추천의 글 • 10
비를 기다리는 마음 • 17
늘 푸르른 것은 생명의 소나무 • 63
풍성한 가을 대지의 마음처럼 • 89
사라진 것들에 대한 기록 • 121

만백성에게 보내는 편지 • 157
스티븐스 주지사에 대한 연설문 • 164

• 엮은이의 글

맑은 햇살과 황홀한 바람 같은 글

서율택

2차대전이 한창일 때, 여덟 명의 이탈리아 군인들이 한 섬에 도착했다. 그들을 기다리는 것은 연합군의 서슬 퍼런 총검이 아니라 맑은 햇살과 황홀한 바람이었다. 그들은 섬사람들의 삶과 어우러지며, 어느새 전쟁을 까맣게 잊어버린다. 내가 오래 전에 보았던 〈지중해〉라는 영화다.

인간에게는 자신이 창조한 제도와 규율이 결코 벗을 수 없는 사슬이고 보면, 도피든 탈출이든 한 번쯤 그 같은 일탈을 동경하는 것은 모든 사람들의 공통된 심리일 것이다. 그리고 많은 사람들이 이 영화를 기억하는 이유가 그 때문이다.

이 책을 기획하면서, 내가 가장 염두에 두었던 것이 바로 독자들에게 이런 정신적 안식을 주는 것이었다. 인간이 스스로 만든 족쇄 때문에 고단하고 힘들어질 때마다 마음을 정화할 수 있는 맑은 햇살과 황홀한 바람 같은 글들을 모아 엮어내고 싶었던 것이다. 나 자신도 그랬지만, 근래 삼사 년 동안 많은 사람들이 어려움을 겪었고, 이런 글들이 필요할 것이라는 생각 때문이었다.

여기에 실린 글은 미국의 인디언들과 백인이 충돌했던 시대에, 인디언들이 썼거나 말했던 이야기들을 주로 모은 것이다. 하지만 본래의 기획 의도에 따라, 비극적인 멸망사보다는 그들의 온후하고 장엄한 정신 세계를 볼 수 있는 글들에 비중을 두었다. 어떤 독자들은 이 글들이 감상적이거나 비과학적이라고 비판할 것이다. 혹은 도태된 사람들의 이야기에서 무엇을 얻겠냐고 반박할 사람도 있을 것이다.

그러나 나는 거대한 우주의 흐름에 대한 그들의 순응적인 삶을 통해 보다 큰 우주를 지향하는 그들의 장엄한 사유를 통해, 필사적으로 속도만을 추구하는 현대 문명이 간과한 풍성한 정신 세계를 체험할 수 있으리라 믿는다. 물론 이런 작은 책이 더 큰 진리나 정신적 깨달음을 줄 수는 없다. 그러나 태산을 옮기는 일도 작은 돌멩이 하나부터 시작하듯이, 이런 작은 시도들이 보다 풍성한 정신 세계로 가는 이정표가 될 수 있으리라 믿는다.

이런 의도가 지나친 욕심이라면, 최소한 서양인과 인디언의 문명 충돌을 통해 자본주의 물질문명이 무한히 재생산하고 있는 삶의 근원적 피로의 원인을 밝힐 텍스트를 제공하려 한다. 그것은 정상에 무엇이 있는지도 모르면서, 최고에 대한 막연한 동경으로 탑을 쌓는 줄무늬 애벌레들에게, '기다림이 곧 용기'라는 노란 나비의 믿음이 얼마나 소중한 것이었는지 되새기게 할 것이기 때문이다.

나는 반문명이나 원시적 퇴행주의를 주장하는 것이 아니다. 우리는 문명을 떠나 살 수 없다. 내 소박한 바람은 이 책을 통해 독자들이 자신의 삶에 작은 쉼표를 찍을 수 있는 용기를, 그럼으로써 삶의 활력을 재충전할 수 있는 계기를 나누자는 것이다.

> 초원을 만드는 데는
> 클로버 잎 하나와 꿀벌 한 마리가 필요하지요.
> 클로버 잎 하나, 꿀벌 한 마리.
> 그리고 상상이 필요하지요.
> 혹시 꿀벌들이 없으면,
> 상상만으로도 만들 수 있어요.
>
> — 에밀리 디킨슨

• 추천의 글

물 속의 물고기처럼 살아라

장석주 | 시인

태초에 바다가 있었고, 그 다음에 흙이 생겨났다. 물은 대지보다 더 오래된 것이다. 해가 나고 식물이 생기자 길짐승이 나타났다. 길짐승과 새들은 해와 달을 이고 비와 구름, 강들과 바다, 흙 위에 퍼진 씨앗들이 일궈낸 울창한 숲과 더불어 살았다. 자연과 더불어 살았던 이들은 짐승과 새, 풀과 나무를 보고 그 뒤에 있는 정령들을 꿰뚫어본다. 그래서 그들은 이렇게 말할 수 있다.

"짐승과 새, 풀과 나무들은 위대한 정령이 이 땅에 보낸 것이다. 풀과 나무는 위대한 정령에게 지혜를 얻어 싹을 틔운다. 해와 비의 세례를 받는 부분은 땅 위로 올라와 푸른 잎과 줄기가 되고, 뿌리는 수분을 찾아 땅 밑으로 내려가는 것이다. 하지만 모든 풀과 나무가 똑같은 모양을 갖고 똑같은 꽃을 피우는 것은 아니다."

 사람은 그뒤로 오랜 세월이 지난 다음에 모습을 드러냈을 것이다. 최초의 사람 조상들은 이 흙 위에서 살다가 죽었다. 조상들의 피와 육신과 뼈의 먼지로 이루어진 것, 즉 흙은 나고 죽는 것들의 모듬살이를 떠받치는 물적 토대다.

 세상은 도서관이며, 돌과 나뭇잎, 풀과 개울, 그리고 사람들과 더불어 폭풍과 대지의 은총을 나누고 있는 새와 동물들이 모두 이 도서관의 서가에 꽂힌 장서다. 우리는 자연의 학생들만이 배울 수 있는 지혜를 배운다.

 흙 위에서 모든 씨앗이 깨어나 싹을 틔우고 짐승들은 제 어미의 뱃속에서 나와 먹이를 구하는 삶을 힘차게 시작했다. 사람들은 그 위에 집을 짓고, 흙에 씨앗을 뿌려 채소와 곡식을 구하고, 흙에 뿌리를 박고 사는 나무들의 열매를 채취하고, 그 위로 흐르는 하천에서 마실 물을 구했다. 우리가 흙에서 구하지 못할 것은 아무것도 없다. 사람들은 "이 땅에서 먹을 것을 얻었고, 어릴 때는 이 땅에서 얻은 것으로 요람을 만들었으며, 병이 들면 땅의 약초로 치료했다. 그래서 우리는 땅을 우리의 어머니로 여긴다. 우리에게는 이 땅의 물과 공기, 짐승과 풀, 어느 것 하나 거룩하지 않은 것이 없다." 흙은 젖무덤을 열어 만물을 먹여 살리는 어머니이고, 그 위로 펼쳐지는 세상은 우주의 도서관이다. 나는 이 우주의 도서관에서 앎을 구한다. 모든 앎은 '맨 처음 씨앗의 마음'이다.

겨울 아침 문 열고 나서면 텃밭에서 풀씨를 쪼아먹던 되새떼가 인기척을 느끼고 한꺼번에 공중으로 날아오르는 풍경은 장관이다. 광장에 걸린 수천의 깃발들이 바람에 한꺼번에 펄럭이는 소리가 공중을 뒤덮고, 일순 공중으로 떠오른 수천 새들의 그림자로 땅이 어두워지는 듯하다. 텃밭을 이태나 휴경지로 방치했더니 풀들이 사람의 키보다 더 높이 자랐고, 풀들은 풀씨를 맺은 채 된서리가 내리자 하루아침에 시들어 주저앉았다. 먹이를 구하기 어려운 겨울철로 접어들어 되새떼에겐 풀씨가 널린 이 텃밭이 더할 수 없이 좋은 먹이를 공급하는 터전이 되고 있다. 내 게으름이 뜻하지 않게 새들에겐 축복이 되었던 것이다. 그렇게 나의 게으름을 변명해본다.

제 손으로 지은 옷을 입고 땀흘려 가꾼 곡식과 채소로 연명하며 살아가는 것, 즉 제 몸을 움직여 몸과 영혼을 먹이고 부양하는 일은 숭고하다. 단순하고 소박하게 살기 위해 시골에 들어와 모듬살이를 시작했지만 나는 아직 그 숭고함에 들지 못했다. 나는 여전히 몸과 영혼을 먹이고 부양하기 위해 많은 것들을 남들의 수고에 기댄다.

다친 달팽이를 보거든
섣불리 도우려고 나서지 말아라.
스스로 궁지에서 벗어날 것이다.
성급한 도움이 그를 골나게 하거나
마음을 다치게 할 수 있다.

하늘의 여러 시렁 가운데서
제 자리를 벗어난 별을 보거든
별에게 충고하지 말고 참아라
별에겐 그만한 이유가 있을 거라고 생각하라.

더 빨리 흐르라고
강물의 등을 떠밀지 말아라
강물은 나름대로 최선을 다하고 있는 것이다.

느림과 게으름이 유유자적悠悠自適과 창조성의 시간이며, 풍부한 잠재적 가능성을 깨우는 질적인 변화의 시간이다. 장 루슬로의 시는 우리에게 그런 새로운 패러다임의 교훈을 준다. 사람들은 문명화되면서 숨쉴 틈조차 없을 정도로 바빠졌지만, 행복해지는커녕 자연과 사람은 함께 망하는 길로 들어선 것처럼 보인다. 많은 하천들이 더럽혀지고, 대기는 오염물질로 뒤덮여간다. 지구

상의 수없이 많은 생물의 종들이 이미 자취를 감추었다. 희망은 고갈되고, 내면의 두려움은 커져간다.

달팽이든 두더지든 뱀이든, 아니면 층층나무든 신갈나무든 산앵두나무든 개암나무든, 흙에 뿌리를 박고 사는 모든 생명 있는 것들은 거룩하다. 왜냐하면 그 모든 것들은 저마다의 소명이 있기 때문이다. 이를테면 척박한 땅이건 비옥한 토양이건 그 위에 뿌리를 박고 선 나무들이 따라야 할 단 하나의 생명의 소명은 열매를 맺는 일이다. 나무는 제철을 맞아 꽃을 피우고 반드시 열매를 맺는다. 제철이 찾아와도 열매를 맺지 못하는 나무라면 그건 필경 병든 나무거나 죽은 나무다. 베어지고 말 것이다. 배로 기는 짐승이건, 네 발로 달리는 짐승이건, 두 발로 걸어가는 짐승이건, 살아 있는 짐승들이라면 그것들도 반드시 저마다 삶의 소명을 갖고 있고 그 소명에 따라 살아간다.

도시의 사회경제적 가치의 관점에 갇혀 있는 사람에게 게으름이란 한낱 비효율과 나태, 비루함의 상징일 뿐이다. 대량생산과 대량소비로 작동되는 자본주의 시장경제체제에서 게으름은 근절되어야 하는 무능이고 악이다. 하지만 패러다임을 달리하면 느림과 게으름은 이면에 감추고 있는 미덕과 가치들을 드러낸다. 너무 빠르게 가는 자들의 눈엔 저와 목표지점 사이의 최단거리만 들어온다. 그것은 직선의 시간이다. 그는 아쉽게도 직선의 시간 바깥에 있는 풍경과 그 풍경이 일궈내는 삶을 놓치고 만다. 하지만 천천히 느릿느릿 주변을 해찰하며 가는 자들의 시간은 둥근 곡선의 시간이다. 그들의 눈엔 넓고 둥글게 풍경이 들어온다. 그때 한껏 게으름은 자기성찰의 시간으로 전환되며 직관, 영감, 계시의 전제 조건이 된다. 게으름을 무능과 악으로 낙인찍고 무가치한 것으로 멸시하는 것은 낡은 패러다임이다.

겨울 아침에 나는 북아메리카에 살았던 인디언의 지혜를 담은 『맨 처음 씨앗의 마음』을 펼쳐 읽는다. 나는 이 책을 노자의 『도덕경』, 마르쿠스 아우렐리우스의 『명상록』, 장 지오노의 『나무를 심은 사람』과 함께 언제라도 손을 뻗어 잡을 수 있는 머리맡에 둔다. 이 책은 옷깃을 단정하게 여미고 읽어야 하는 책이다. 그만큼 인식의 전환을 일으키게 만드는 궁극의 앎과 오래 묵은 자연과 더불어 살며 길어올린 삶의 풍부한 지혜들로 가득 차 있다. 이 책은 나고 죽는 땅 위의 만물에 대한 일방적 지배 태도가 아니라 더불어 함께 사는 정신을 일깨우는 책이다. 인간 중심적이고 가치 독점주의적인 삶의 어리석음을 피하고 어떻게 더불어 삶, 섬김의 삶, 선한 관심의 삶을 살 수 있는가 하는 지혜를 일러주는 책이다. 이 궁극의 앎과 지혜가 우리를 물 속의 물고기처럼 자유롭게 살게 할 것이다.

비를 기다리는 마음

자연을 통해 가르쳐라

우리 아이들은 자연에서 배운다. 자연의 세계와 친함으로써 아이들은 스스로 모든 생명에 대한 존경심을 깨우친다. 아이들에게 영혼의 세계는 현실이고, 생명의 광채는 그 무엇보다 두드러진다. 그리고 그 만물 속에는 위대한 신비, 즉 '와칸탕카'가 있다. 와칸탕카는 풀래야 풀 수 없는 신비이며, 오직 사람들의 영혼이 알기 쉬운 사물 속에 있다.

우리는 실례實例와 가르침을 통해 자식들을 교육한다. 그렇지만 가르침이란 그것을 듣는 사람에게는 죽은 말에 불과하기 때문에 항상 실례에 비중을 둔다.

교육 방법은 인격 형성과 가장 밀접한 관련이 있다. 또한 가장 바탕이 되는 교육은 와칸탕카에 대한 존경과 자연에 대한 사랑, 이 땅과 사람들에 대한 사랑이다.

생명의 지혜

태양은 살아 있는 모든 것들에게 생명을 준다. 태양이 없다면 사방이 캄캄하여, 아무것도 자라지 못한다. 이 대지 위에 생명을 가진 것은 아무것도 없게 된다. 그러나 태양이 생명을 창조하려면 대지의 도움을 얻어야 한다. 만약 태양 혼자서 짐승과 풀과 나무를 감싸안으려 한다면, 모든 생명이 그 열기에 타죽고 말 것이다. 하늘에서 비가 내리면, 태양과 대지는 서로 힘을 합쳐 습기를 공급한다. 풀과 나무는 깊은 곳에 뿌리를 내릴수록 더 많은 습기를 찾을 수 있다.

   자연의 순리가 바로 이러하다. 생명은 협동을 통해 비로소 창조되며, 이는 위대한 정령이 보여주는 지혜의 증거다.

충만한 만족

세상을 독점하려는 자들은 그 세상에 대한 두려움 때문에 무엇이든 정복하려고 든다. 그들에게 세상은 죄악과 추함만 가득한 곳이다. 다른 세상에서 날개 단 천사로 다시 태어날 때까지 어쩔 수 없이 참고 견뎌야 할 곳이다. 그래서 그들은 늘 신이 만든 세상을 이렇게 바꿔달라, 저렇게 바꿔달라 신에게 부탁한다. 이 사람을 벌해달라, 저 사람을 벌해 달라 끊임없이 조른다. 이 세상에 구원의 빛을 내려달라 애원한다.

그러나 만물을 사랑하고 무엇이든 나누려는 사람은 자기가 원하는 합당한 몫을 순리에 따라 자연스럽게 얻는다. 그들에게 세상은 아름다움으로 충만한 곳이다. 자연에서 멀어지면 인간의 마음이 굳어진다는 것을 그들은 알고 있다. 생명을 갖고 커가는 것에 대한 경외심이 없으면, 곧 인간에 대한 존경심도 잃게 된다는 것을 알고 있다.

붉은 사람들

이 거대한 섬이 한때는 모두 우리 선조들의 것이었다. 그때는 해가 뜨는 곳에서 해가 지는 곳까지 우리의 땅이었다. 위대한 정령께서는 이 모든 것을 우리 붉은 사람들을 위해 만드셨다. 우리가 먹을 수 있도록 들소와 사슴을 만드셨다. 우리가 가죽으로 옷을 지어 입을 수 있도록 곰과 비버를 만드셨다. 동물들을 이 땅에 골고루 흩뜨려놓고, 우리에게 사냥하는 법을 가르쳐주셨다. 그리고 대지에서 빵을 만들 옥수수가 자라게 하셨다.

이 모든 것은 위대한 정령께서 당신의 자식들을 사랑하셨기 때문이다. 붉은 사람들을 모두 똑같이 사랑하셨기 때문이다.

지혜와 지식

사람들은 지식을 구하지만 지혜를 찾지 아니한다. 그러나 지식은 과거의 것이요, 오로지 지혜를 가진 자만이 미래를 볼 수 있다.

내 운명의 주인

나는 쇼니 족이다. 내 아버지들은 용사였다. 그의 자식들도 용사다. 그러나 그들로부터 내가 물려받은 것은 오로지 나 자신의 몸뚱이뿐이다. 그 외에 내 부족에게서 빌려 온 것은 아무것도 없다. 나는 나 자신의 운명을 스스로 개척하는 사람이기 때문이다.

진정한 지도자

백성을 위하여 일하라. 어려운 일을 맡아라. 네 백성을 가엾게 여기고, 사랑하라. 가난한 자가 있으면 도와주어라. 그와 그의 가족에게 먹을 것을 주고, 그들이 바라는 것을 모두 주어라. 네 백성들이 서로 싸우면, 그들을 위해 중재하라. 너의 신성한 담뱃대를 손에 들고, 그들 사이로 걸어 들어가라. 화해를 시키다가, 필요하다면 기꺼이 목숨을 내놓아라. 그런 다음 질서가 회복되면, 그들은 땅바닥에 쓰러져 있는 당신을 볼 것이다. 평화와 화해의 상징인 신성한 담뱃대를 손에 든 채로. 그러면 그들은 당신이 진정한 지도자였음을 깨닫게 되리라.

진정한 용기

용감한 사람은 두려움과 분노, 욕망과 고통에 굴복하지 않는다. 언제 어느 때나 자기 자신의 주인이기 때문이다. 크리크 족의 전쟁 추장 웨더포드가 그런 사람이었다. 잭슨 장군은 전쟁에서 크리크 족을 격파한 후, 추장에게 죽든지 살든지 알아서 선택하라고 했다. 다음날 저녁 웨더포드는 잭슨 장군의 막사에 나타나 이렇게 말했다.

"나는 웨더포드요. 나를 당신 마음대로 하시오. 내게 당신과 싸울 용사들이 남아 있다면, 아직도 나는 당신과 싸움을 계속하고 있을 것이오."

늙은 추장 미친말도 진정한 용기와 명예를 아는 사람이었다. 다음과 같은 그의 말은 우리가 생각하는 용기의 가장 단순하고 정확한 의미다.

"배고픔이나 고통, 그에 대한 두려움도, 강철 같은 위험의 마수도, 심지어 죽음 그 자체의 공포조차 올바른 행동을 막지 못한다."

네 가지 방법

뭔가를 하려고 할 때, 그 일을 시작하는 방법에는 네 가지가 있다. 첫 번째 방법은 마음먹자마자 곧장 시작하는 것이다. 절대로 좋은 방법이 아니다. 무슨 일을 하든 한 번은 먼저 생각을 해볼 필요가 있기 때문이다. 그것이 바로 두 번째 방법이다. 일을 시작하기 전에, 세 번을 생각하는 것이 바로 세 번째 방법이다.

네 번을 깊이 생각하고 일을 시작하면, 모든 일에 실수가 없다. 이것이 바로 네 번째 방법이다. 일을 안전하게 끝내는 방법이다. 그러자면 때로는 한 가지 문제를 갖고 하루종일 깊이 고민해야 할 때도 있다.

건강의 비결

오래 살려면 행복해야 한다. 근심은 사람을 아프게 만든다. 화를 내는 것은 나쁜 버릇이다. 죄를 짓지 않고, 화를 내지 않으면 반드시 오래 살게 되어 있다. 죄를 지은 사람은 나쁜 생각 때문에 병들게 마련이다. 행복은 오로지 선함 그 자체이며, 그것은 건강함을 의미한다.

내 영혼의 주인

내가 옳지 않은 일을 한다면, 내 영혼을 책임져야 할 사람은 바로 나 자신이다. 다른 사람이나 교회의 잘못이 아니다. 저 너머에 있는 산이나 태양 탓으로 돌릴 수도 없다. 바로 내가 잘못한 것이다. 이것이 우리 종교의 가르침이다.

나의 잘못에 대해 누구도 뭐라고 할 사람은 없으며, 나를 무덤으로 데려갈 사람은 다른 사람이 아니라 궁극적으로 바로 나 자신이다.

베푸는 아름다움

소유욕은 쉽게 극복할 수 없는 단점이다. 욕심은 물질을 중시하므로, 그대로 내버려두면 영적인 평정을 어지럽힌다. 그러므로 주는 즐거움은 일찍부터 배워야 한다. 인디언들은 어렸을 때부터 자신에게 가장 소중한 것을 베풀어, 주는 즐거움을 배운다. 일찍부터 자선가로 키워지는 것이다. 소유에 집착하는 아이가 있으면, 욕심 많고 야비한 사람들에게 치욕과 경멸이 쏟아진다는 옛날 이야기를 해준다.

공식적인 자선은 중요한 행사마다 빠지지 않는다. 아이가 태어나거나 결혼하거나 누군가 죽었을 때, 어떤 사람이나 사건을 특별히 기리고자 할 때는 반드시 이런 자선 행위가 포함된다. 그 대상은 글자 그대로 '모두'다. 친척이나 다른 부족의 손님, 특히 보답을 바랄 수 없는 가난한 사람이나 늙은 사람 모두에게 자선을 베풀어야 한다.

젊은이에게

누구나 그렇듯이 너희 안에는 타고난 힘이 감추어져 있다. 보라, 네 안에는 굳은 의지가 숨겨져 있지 않은가? 그 의지를 사용하는 방법을 배워라. 그것을 네게 유익하게 만들어라. 칼을 갈 듯이 너희의 오감을 갈고 닦아라. 너희 후손들에게 우리가 줄 것은 아무것도 없다. 너희는 위대한 사람이 되는 데 필요한 모든 것을 이미 타고났기 때문이다.

약속

약속은 영원을 뜻하는 말이다. 종종 약속한 말을 어기는 것이 편해 보이기는 하지만, 한 번 약속을 어기면 두 번째 약속도 어길 수 있는 빌미가 된다. 그러면 결국 사람의 말에 아무 의미도 담을 수 없게 된다.

말뿐인 말

듣기 좋은 말이라도 뭔가를 이루지 못한다면 오래 가지 못하는 법이다. 내 백성들의 죽음을 말로 보상할 수 있을까? 백인들에게 짓밟힌 내 나라를 말로 보상할 수 있을까? 내 아버지의 무덤을 말로 지킬 수 있을까? 내 모든 말과 가축을 말로 보상할 수 있을까? 나는 소득 없는 말을 듣는 데 지쳤다. 겉만 번지르르한 말과 지켜지지 않는 약속을 생각할 때마다 진저리가 난다. 세상은 말할 자격이 없는 사람들의 말로 넘쳐나고 있다. 그 때문에 너무나 많은 거짓말이 생겨났다. 그 때문에 사람들 사이에 너무나 많은 오해가 생겼다.

대화

칭찬과 아첨, 과장된 태도, 세련되고 듣기 좋은 말은 예절과 아무 상관이 없다. 과장된 태도는 진실하지 못함을 고백하는 것이며, 수다쟁이는 무례하고 사려가 없는 사람으로 비춰질 뿐이다. 양쪽이 동시에 얘기하는 것은 대화가 아니며, 허겁지겁 말을 꺼내서도 안 된다. 아무리 중요한 문제라도 다짜고짜 질문을 퍼부어서는 안 되며, 대답을 강요해서도 안 된다. 잠시 말을 끊고 생각할 시간을 주는 것이야말로 대화를 시작하고 이끌어나가는 데 가장 중요한 미덕이다.

내가 앞장서리라

큰일을 시작하면 단번에 완벽하게 끝마칠 수 없다. 그러므로 시작한 일이 완전히 끝날 때까지 자신과 형제를 독려하라. 그 무엇에도 용기를 잃지 말라.

이제 내가 앞장서겠다. 세찬 바람이 내 얼굴을 때리겠지만, 결코 뒤돌아보지 않고 앞으로만 나아갈 것이다. 모든 일을 완벽하게 끝마칠 때까지 쉬지 않고 나를 채찍질하겠다. 그러면 형제들도 반드시 나를 따라주리라 믿는다. 가다보면 이편저편에서 새 울음소리가 우리를 유혹할 테지만, 절대로 한눈 팔지 말자. 형제들은 내가 하는 말만 듣고, 그것을 가슴에 새겨라. 형제들은 늘 나를 믿고 의지할 수 있을 것이다, 나는 진실만을 말할 것이므로.

남편의 책임

아내를 우상처럼 떠받들지 말라. 떠받들면 떠받들수록, 아내는 더 좋은 대접을 해달라고 투정할 것이다.

또한 명심하라. 아내를 너무 꼬치꼬치 감시하려 들지 말라. 아내를 감시하면 질투심만 생길 뿐이다. 아내를 질투하면, 그는 남편을 떠나 멀리 달아날 수밖에 없다. 그것은 남편 자신이 책임져야 할 일이다.

진정한 예의

진정한 예의는 말이 아니라 행동이다. 오늘날 '죄송하다', '실례지만', '정말 미안하다' 같은 말이 남발되고 있다. 그렇지만 우리말에는 그런 표현이 없다. 어쩌다가 남을 다치게 하거나 불편하게 했으면, 우리는 '실수'라는 뜻으로 '와눈헤쿤'이라고 말한다. 무례하게 굴 생각은 없었고, 우연히 생긴 일이라는 것을 알리는 데는, 이런 말로도 충분하다.

우리 젊은이들은 옛날부터 전해오는 우리의 예절 교육을 받고 자랐다. 그러므로 요즘 사람들처럼 남들이 얘기하거나 말거나 쉬지 않고 떠드는 습관에 빠져들지 않는다. 그런 짓은 단순히 무례한 것이 아니다. 바보 같은 짓이다. 사회적인 장점으로 추앙받을 수 있는 평상심은 침착하지 못한 태도와 양립할 수 없기 때문이다. 대화 도중에 말이 끊긴다고 불안해하거나 당황할 필요는 없다. 그것은 오히려 세련된 대화술의 징표다.

사랑이란

사랑이란 아무리 잊으려고 해도 당신이 내 마음속에 떠오르는 것이다. 그리하여 내 노래를 듣는다면, 당신은 내가 지금 당신을 위해 울고 있음을 알 것이다.

거짓말과 도둑질

거짓말은 매우 중대한 죄악이다. 거짓말을 일삼는 사람들은 비겁한 가짜 진실의 장막 뒤에 숨어 어떤 짓도 저지를 수 있기 때문이다. 그러므로 명예와 신의를 중시했던 옛 사람들은 거짓말로 믿음을 깨뜨리는 사람에 대해서는, 그가 더 이상 사악한 행동을 못하도록 죽음으로 죄를 씻게 했다.

도둑질 또한 명예롭지 못한 행동이다. 만약 도둑질을 하다 잡히면, 우리는 원래의 이름 대신 도둑이라는 뜻의 '와모논'이라는 이름을 붙여준다. 영원히 지워지지 않는 낙인을 찍는 것이다. 그렇지만 여기에도 한 가지 예외가 있다. 먹을 것을 도둑질하는 경우다. 누구에게도 먹을 것을 적선 받지 못한 사람은 자유롭게 배고픔을 면할 권리가 있다. 우리에게는 도덕의 법 외에는 어떤 울타리나 대문도 없으므로, 그들은 어느 때든 쉽게 다른 사람의 천막에 드나들 수 있다.

내가 믿는 것

우리는 선조들에게 많은 율법을 배웠고, 모두 훌륭한 법이었다. 네가 대접받은 대로 남을 대접하라. 먼저 약속을 어기지 말라. 거짓을 말함은 명예롭지 못하다. 남의 아내를 빼앗거나 대가를 치르지 않고 남의 재산을 빼앗은 것은 수치스러운 일이다. 모두 우리 율법의 가르침이다. 그 가운데 가장 커다란 가르침은 바로 이것이다.

위대한 정령은 만물을 보고 들으며, 결코 잊지 않는다. 모든 사람에게 세상의 업보에 따라 영혼의 집을 내려줄 것이다. 그리하여 선한 자는 좋은 집을 얻을 것이요, 악한 자는 나쁜 집을 얻으리라.

나의 믿음이 바로 이것이고, 내 모든 백성들 또한 이를 굳게 믿고 있다.

수우 족 여자

여자는 도덕의 기준이다. 수우 족 여자가 여자의 일에 관해 규칙을 세우면, 아무도 그 규칙을 무시하지 못한다. 자녀들은 여자의 성을 따른다. 재산은 여자의 소유이며, 집도 여자의 것이다. 아름다운 행동은 모두 여자의 공이다. 가족들은 누구나 여자의 지위를 존중해야 한다.

수우 족 여자는 여성으로서의 진정한 권위와 겸양을 갖추고 있다. 남자 못지않게 일도 잘하고, 아무리 힘든 일도 남자들과 똑같이 나눈다. 또한 여자는 남자보다 훨씬 뛰어난 영적 통찰력을 가졌다. 여자가 자녀를 돌보고, 그들의 영적인 스승 노릇을 맡는 것도 그 때문이다. 수우 족 여자의 성품은 꾸밈없고 진실하다. 어렸을 때부터의 꾸준한 교육과 뚜렷한 재능, 무엇보다 진지한 종교적 태도로부터 고단한 생활에 굴복하지 않을 수 있는 힘과 평상심을 얻기 때문이다.

그러므로 우리 백성의 진정한 도덕적 구원자는 바로 여자들이다.

어머니의 충고 1

조용한 삶을 살거라. 남에게 친절하거라. 특히 노인을 친절히 대하고, 그들의 충고에 귀를 기울이거라. 이렇게만 행동하면 남들이 너를 존중하고, 친절히 대할 것이다.

사내아이들의 꽁무니를 따라다니지 마라. 너와 결혼하고 싶어하는 젊은이가 있으면, 네 천막으로 데려와, 먼저 네가 사는 모습을 보여주고 그 다음에 함께 살거라. 네가 항상 부지런하고 올바르게 살지 않으면 안 되는 이유가 바로 이것이란다. 그렇게 가정을 꾸리면, 이웃들로부터 부지런하고 좋은 일을 하는 사람으로 대접받을 수 있을 것이다.

어머니의 충고 2

인생의 길을 여행하면서 남에게 해를 끼치는 일을 하지 말거라. 다른 사람을 슬프게 하는 일도 하지 말거라. 남을 행복하게 해줄 수 있는 기회가 있으면, 서슴지 말고 언제든 그렇게 하거라.

어머니의 충고 3

언제 어른이 되느냐고 묻지 마라. 가만히 보고, 듣고, 기다려라. 그러면 그 대답이 저절로 너를 찾아올 것이다.

참가르침

우리 백성은 지혜롭다. 어리다거나 잘못을 저질렀다는 이유로 남을 무시하지 않는다. 우리의 진정한 스승은 굳은 의지와 철저함이다. 어린아이는 자신의 할아버지와 아버지, 아버지의 형제들에게 그런 의지와 철저함을 배운다.

아이가 올바른 행동을 하면 빨리 칭찬을 해준다. 꾸짖을 때는 다른 아이의 영혼과 비교함으로써, 아이의 영혼에 상처를 줄 수 있는 말을 절대로 하지 않는다. 그리고 무슨 이유로 잘못을 저질렀든, 잘못을 저지른 아이는 다른 아이들보다 더 많이 가르치고 더 많이 보살펴준다. 아이가 스스로 그 잘못을 고칠 수 있을 때까지는.

자식을 야단칠 때는

아이에게 얘기할 때는 친절한 태도로 천천히 얘기하라. 아이가 잘못하지 않은 일로 벌을 주지 말라. 괜한 일로 야단치지 말라. 아이가 말을 듣지 않을 때는, 어머니가 이렇게 말하게 하라.

"냇가에 데려가 빠뜨리겠다."

그래도 말을 듣지 않으면, 다시 똑같은 말을 하게 하라. 세 번을 되풀이해도 여전히 말을 듣지 않으면, 아이를 정말로 물에 빠뜨려야 한다. 그렇지만 아이가 울면서 용서해달라고 애원하면 반드시 용서해주어야 한다. 그런 다음에는 반드시 이렇게 얘기를 해주어라.

"이것이 세상의 법이다."

자연을 모방하다

태초에 세상이 창조될 때 우리에게는 스승이 없었다. 길을 인도해줄 사람도, 학교도 없었다. 우리는 창조의 신에게 눈을 돌렸고, 자연을 공부했으며, 자연을 모방했다. 우리는 자연을 모방해 문명을 건설했고, 자연 속에서 믿음을 찾았으며, 자연을 따라 나라를 만들었다. 그리고 우리의 나라는 수천 년 동안 변함없이 이어져왔다. 오늘날 역사학자들이나 고고학자들은 우리의 역사를 연구하기 위해 땅을 파고 있다. 그렇지만 그들은 어디에서도 감옥과 죄인들의 흔적을 찾을 수 없으며, 정신병원의 흔적을 찾을 수 없다. 자연이 없었더라면 서로 다른 말을 사용하는 수많은 백성들이 글로 쓰인 단 한 줄의 율법도 없이 조화롭게 살아갈 수 있었을까?

말을 꺼낼 때

말을 꺼낼 때는 반드시 자신의 겸손을 보여줄 수 있는 말로 시작하라.

"저는 부족한 사람입니다만……."

"저는 가진 건 없습니다만……."

어떤 말이나 마찬가지다. 회의를 할 때에도 겸손이 필요하다. 의견을 말하고 싶을 때는 이렇게 시작하라.

"여기 앉아 계신 분들보다 아는 것이 없지만, 부족한 제 생각을 말씀드리고 싶습니다."

그러면 남들은 당신에게 논리와 지혜로 기꺼이 값진 가르침을 줄 것이다.

도덕적인 용기

결투를 하는 사람들은, 육체적인 용기는 있지만 도덕적인 용기가 없다. 누군가 싸움을 걸면 우리는 이렇게 말한다.

"두 가지 이유 때문에 이 결투를 거절하겠네. 한 가지 이유는 자네를 다치게 하고 싶지 않기 때문이고, 다른 한 가지 이유는 내가 다치고 싶지 않기 때문이네. 자넬 죽인다고 내게 무슨 이득이 있겠나? 죽은 몸뚱이는 내게 아무 쓸모도 없지 않은가? 토끼나 칠면조라면 모를까."

누군가가 죽이고 싶도록 밉다면, 비슷한 크기의 나무토막에다 분풀이를 하라. 그러고 나서 그 상대에게 얘길 전하라. 만약 그 자리에 그가 있었다면, 당신은 죽었을 것이라고.

어머니의 충고 4

옛날에는 어머니가 스승이셨다. 내 어머니와 할머니도 마찬가지로 나의 스승이셨다. 우리가 사리에 맞지 않는 일을 하면 이렇게 말씀하셨다.

"아무도 그런 일을 하는 사람은 없단다."

그러면 우리는 뿌루퉁하게 대답했다.

"아무도 안 한다고 해도, 난 하고 싶어요."

그렇지만 아무 소용이 없었다. 알다시피, 우리의 어머니들은 매우 엄격하기 때문이다. 내가 기억하기로 할머니께서는 그때마다 이렇게 대답하시곤 했다.

"불에 꼭 데어봐야 뜨거운 걸 아는 게 아니란다. 불 가에 가고 싶으면 얼마든지 다른 좋은 방법이 많지 않니."

늙은 현자의 지혜

부모들에게

아이가 친구와 놀다가 싸우면, 절대로 편을 들지 말아라. 대신 아이를 집으로 데려와 스스로 옳은 행동이 무엇인지 깨우치도록 타일러라. 아이들끼리의 싸움 때문에 이웃과 다투어선 안 된다. 무엇이 옳은 일인지 가르치면, 아이들은 그 가르침에 따라 살 것이고, 세상은 그렇게 사는 것이다.

젊은이들에게

남들과 다투지 말고 평온하게 살아라. 서로에게 해가 되는 말을 하지 말라. 부모를 존경하고 그들의 말에 귀를 기울여라. 집 안에서 그렇게 행동하면, 세상에 나가서도 반드시 다른 사람들의 존경을 받을 수 있다.

결혼은

결혼은 한 남자와 한 여자가 카누를 타고 함께 여행하는 것과 같다. 남자는 앞에 앉아 노를 젓고, 여자는 고물에 앉아 조종하기 때문이다.

천막집 티피

티피는 살기 좋은 집이다. 항상 깨끗하고, 겨울에는 따뜻하며, 여름에는 시원하다. 이사를 다니기도 쉽다. 흰 사람들은 많은 돈을 들여 큰 집을 짓지만, 모양은 마치 큰 새장과 같고, 햇빛을 차단하며, 옮길 수도 없는, 늘 우울한 모습이다. 인디언과 짐승은 어떤 집이 더 좋은지 흰 사람들보다 더 잘 알고 있다. 사람은 항상 맑은 공기와 햇빛, 그리고 신선한 물이 없으면 건강하게 살 수 없다. 사람을 한 곳에만 머물게 하고 싶었으면, 위대한 정령께서 왜 처음부터 세상을 멈추어 있게 만들지 않았을까? 위대한 정령께서는 세상을 항상 변하게 만들었고, 그리하여 새와 동물이 날고 뛰며, 항상 푸른 풀이 자라고, 열매가 익는다. 일할 수 있도록 햇빛이 비추고, 잠들 수 있도록 밤이 찾아 오고, 꽃 피는 여름과 짐승들이 잠들 수 있는 겨울이 있게 하셨다.

욕심과 철조망

대지는 태양의 도움을 받아 창조되었고, 처음 만들어진 그대로 남아 있어야 한다. 네즈 페르세의 나라가 처음 만들어질 때는 땅을 나누는 경계선 같은 게 없었다. 그리고 누구도 그런 식으로 땅을 나누려 하지 않았다. 이 땅에 경계선을 나누는 철조망이 쳐진 후, 이 땅의 구석구석에서 부를 긁어모으는 흰 사람들을 보았다. 우리에게는 쓸모없는 땅만 남겨주려는 흰 사람들의 욕심을 보았다.

침묵을 가르쳐라

아이들을 가르칠 때는 가만히 앉아 침묵에서 배움을 얻는 법부터 가르쳐라. 그러면 아이들은 스스로 자신의 감각을 개발하는 법을 배우게 될 것이다. 그리하여 아무 것도 보이지 않는 곳에서 뭔가를 볼 수 있고, 완전한 정적 속에서도 소리를 듣는 법을 배울 것이다. 아이가 모든 것을 배우고도 침묵하는 법을 배우지 못했다면, 그 아이는 배움 중 절반을 놓친 것이다.

자식은 부모의 거울

부모가 나쁜 짓을 하면, 그 자식들도 똑같이 부모를 따라한다. 그러므로 자식을 훌륭하게 키우고 싶다면, 부모들이 먼저 스스로를 낮추는 법을 실천해야 한다.

·

사악한 것에 관한 얘기를 하지 말라. 사악한 말은 아이들의 마음속에 호기심을 불러일으킨다.

큰 승리를 얻으려면

싸움은 지든 이기든, 다음에 다가올 시련에 대비해 사람을 단련시킨다. 편하게 살려는 태도는 좋지 않다. 편한 생활은 사람을 약하고 무능하게 만들며, 시련 앞에서 무기력해지게 한다. 최후에 가장 커다란 승리를 얻기 위해서는 용기와 힘을 길러야 하고, 그러려면 여러 번의 패배를 통해 단련될 필요가 있다.

우정은

우정은 인격에 대한 가장 가혹한 시험이다.
  몸 속에 자기와 똑같은 피가 흐르고 있는 형제나 친척을 충실하게 대하기는 쉽다. 남자와 여자의 사랑은 다른 동물과 마찬가지로 짝짓기 본능을 바탕에 두고 있다. 그러므로 욕망이나 이기주의에서 벗어나지 않는다. 하지만 친구를 사귀고, 어떤 상황에서도 진실해진다는 것은 가장 고결한 인간의 표상이다. 우정은 동지애와 형제애의 본질이며, 서로에게 쾌락과 이익보다는 정신적인 도움과 격려를 준다. 최고의 우정은 '형제 같은 친구' 혹은 '삶과 죽음을 함께 나누는 친구'다. 이는 인간 대 인간의 순수한 결합이다. 보통 이런 우정은 어렸을 때 형성되어, 죽을 때까지 이어진다.

아홉가지의 미덕

인내심을 가져라. 때가 되면 모든 것은 변한다. 조바심이 가을의 영광을 만들거나 살을 에는 겨울을 끝낼 수는 없다.

•

근심을 오랫동안 마음에 품고 있으면, 그만큼 마음의 평정을 회복하기 어려워진다.

•

나쁜 생각을 스스로 떨쳐버려라. 나쁜 생각은 영혼의 뿌리를 갉아먹는 낡은 악습이다.

•

용감한 자는 한 번 죽는다. 그렇지만 겁쟁이는 항상 죽는다.

두려움은 맞서지 않으면, 영원히 당신을 뒤쫓아 다닌다.

·

달이 두 번 바뀔 동안 네 이웃의 모카신(뒷굽이 없는 부드러운 가죽 신발)을 신고 걸어보기 전에는, 그 이웃에 대해 이러쿵저러쿵 말하지 말라.

·

평정을 잃으면 친구를 잃고, 거짓말을 하면 자기 자신을 잃는다.

·

먹을 것이 풍성할 때 게으르다는 것은, 먹을 것이 없을 때 죽는다는 것을 의미한다.

비판받기를 좋아하는 사람은 아무도 없다. 그렇지만 비판은 섬약纖弱한 옥수수 줄기를 채찍질하여, 그 어떤 바람에도 흔들리지 않도록 땅 속 깊은 곳에 뿌리를 내리게 하는 사막의 바람과 같다.

까마귀개의 약속

까마귀개는 부룰 수우 족 사람으로, 1881년에 추장을 살해했다. 그는 이 사건으로 기소되어 사우스다코타 법정에서 사형을 언도받았다. 사형이 집행되기 며칠 전, 그는 집에 가서 아내와 아홉 살배기 쌍둥이 아들에게 작별인사를 하게 해달라고 부탁했다. 뜻밖에도 요청이 받아들여져, 그는 보안관의 호송을 받아 아내와 쌍둥이 아들을 만날 수 있었다.

보안관은 관할 인디언 사무소에서 기다리겠노라며, 까마귀개에게 이튿날까지 그곳으로 돌아오라고 했다. 하지만 죄수는 사무소에 나타나지 않았다. 보안관은 인디언 경찰들을 보내 그를 체포하려고 했지만, 흔적조차 찾을 수 없었다. 다만 그의 아내는 그가 혼자서 말을 타고 돌아가겠다는 말을 남겼다고 했다. 약속한 날짜까지 당도하겠다고. 다음날 그곳에서 2백마일 떨어진 래피드 시에서 온 한 통의 전보는 모든 의심을 말끔히 씻어주었다.

"까마귀개가 도착했다."

이 사건이 세상에 알려지면서 재판이 다시 열렸고, 그는 방면되었다.

늘 푸르른 것은 생명의 소나무

기도하는 마음으로

대지는 그대의 어머니이며, 그대의 어머니의 어머니다. 대지는 신성하다. 그러므로 대지 위에 내딛는 한 걸음, 한 걸음은 구도자의 걸음처럼 경건해야 한다.

생명에 감사하다 ♀

만물은, 형상은 달라도 저마다 개성이 있다. 지식은 바로 이런 타고난 개성에서 비롯된다. 세상은 도서관이며, 돌과 나뭇잎, 풀과 개울, 그리고 인간과 더불어 폭풍과 대지의 은총을 나누고 있는 동물들이 모두 이 도서관의 서가에 꽂힌 장서藏書다. 우리는 자연의 학생들만이 배울 수 있는 지혜를 배운다. 자연의 아름다움을 느낄 수 있는 방법을 배운다. 우리는 성난 바람과 폭풍을 두려워하지 않는다. 살을 에는 추위와 눈보라를 불평하지 않는다. 그럼으로써 인간의 왜소함을 더욱 깊이 깨닫는다. 어떤 가혹한 환경에도 불평하기보다, 필요하다면 더 많은 노력과 열정으로 우리 자신을 맞춰간다.

관찰에는 반드시 보상이 따른다. 관심과 호기심, 경외심이 커갈수록 생명이란 단순히 인간의 등장 이상의 의미를 갖고 있다는 사실에 감사하게 된다. 다양한 모습으로 표현되는 생명에 감사하게 된다.

나무의 가르침

당신들은 나무가 말하는 소리를 들을 수 있는가. 나무도 말을 한다. 들으려고만 한다면 나무는 당신들에게도 얘기를 할 것이다. 문제는 당신들이 들으려고 하지 않는다는 것이다. 우리의 말에 귀기울이는 법을 배우지 못한 것처럼, 당신들은 모든 자연의 목소리에 대해 무심하기 짝이 없다. 우리는 나무에게서 많은 것을 배운다. 나무는 날씨를 알려준다. 때로는 짐승들에 관해 가르쳐주고, 때로는 위대한 정령의 가르침을 전해준다.

만물의 영혼

아버지는 내게 이런 가르침을 주셨다.

"세상에 있는 모든 것은 영혼을 갖고 있단다. 저 하늘도 영혼을 갖고 있고, 저 구름들도 영혼이 있으며, 해와 달도 영혼을 지니고 있단다. 그처럼 모든 짐승들도 나름대로의 영혼을 갖고 있으며 나무와 풀, 물과 돌, 모든 것이 마찬가지란다."

●

인디언은 숭배하기를 좋아한다. 태어나서 죽을 때까지 주변의 모든 것을 숭배한다. 사람은 어머니 대지의 호화로운 무릎 사이에서 태어나므로, 이 세상 어느 곳도 하찮은 땅이 있을 수 없기 때문이다.

나의 큰 기쁨

자연은 나에게 큰 기쁨이다. 그 생김새며, 사시사철 갈아입는 옷들, 눈썹 같은 무지개의 화관花冠과 당당하게 솟아오른 참나무, 그리고 고수머리 같은 머리칼을 대지에 드리운 상록수. 그 모두가 자연을 향한 나의 변치 않는 사랑을 자아낸다.

대리석 궁전보다, 금으로 기둥을 세운 궁전보다 이런 곳에서 태어났다는 사실이 나는 너무 기쁘다. 아무리 오랜 시간이 흘러도 자연은 자연으로 남겠지만, 궁전은 부서져 폐허만 남을 것이므로. 그렇다, 나이아가라는 수천 년이 흘러도 나이아가라다. 태양이 있는 한, 강물이 흐르는 한 무지개는 다시 떠오른다. 하지만 인공의 산물은 어떠한가? 아무리 조심스레 간수해도 먼지로 부서져 사라지지 않는가!

생명의 리듬 ♀

태초에 커다란 북이 있어 세상의 리듬을 만들어냈다. 해변의 모래알이 그리워 꼭 되돌아오고야 마는 파도, 한 계절에서 다른 계절로 유유히 흘러가는 계절의 변화, 날아온 새들은 반드시 제 집으로 돌아가고, 곰은 추위가 닥치면 반드시 겨울잠을 잔다. 깊이를 헤아릴 수 없는 의문에도, 만물은 가장 완벽한 시간 속에 있다. 네 손목의 맥박을 들어보라. 만약 완벽한 건강을 유지하고 있다면, 생명의 북이 만들어내는 정교한 리듬을 들을 수 있을 것이다.

빛으로 지은 옷

어머니 대지와 아버지 하늘, 우리는 그들의 자식이다. 우리는 등허리가 지치도록 그들이 좋아할 선물을 준비한다. 그리하여 그들은 우리를 위해 빛으로 옷을 짓는다. 새벽의 흰 빛을 날실로 삼고 밤의 붉은 빛을 씨실로 삼아, 내리는 비로 술 장식을 짓고 화려한 무지개로 테두리를 장식한다. 그렇게 우리를 위하여 빛으로 옷을 짓는다. 그리하여 우리의 걸음걸이는 새들이 노래하는 풍경과 어우러진다. 그리하여 우리는 풀이 새파란 풍경과 하나가 된다.

푸른 호수가 있는 땅

푸른 호수가 있는 땅, 이곳은 우리의 신전이다. 그곳을 거룩하게 여기고 경배하므로, 비로소 우리는 이 땅에 존재할 수 있었다. 우리의 문화와 우리의 삶이 계속될 수 있었다. 그러므로 우리는 그 겉모양조차 함부로 바꿀 수 없다. 세상에 왔던 그대로 보존해야 한다. 이 신성한 땅은 우리에게 세상의 어느 교회나 신전보다 신성하다. 교회와 신전은 인간이 만들지만, 이 푸른 호수는 신이 있어 존재하는 것이므로.

거룩한 땅

아주 오랜 옛날부터 이 땅은 우리 백성들을 위해 이곳에 있었다. 우리는 이 땅에서 먹을 것을 얻었고, 어릴 때는 이 땅에서 얻은 것으로 요람을 만들었으며, 병이 들면 이 땅의 약초로 치료했다. 그래서 우리는 땅을 우리의 어머니로 여긴다. 우리에게는 이 땅의 물과 공기, 짐승과 풀, 어느 것 하나 거룩하지 않은 것이 없다. 하나하나가 우리 백성의 번성과 모든 후손들의 풍요를 열어주는 성스러운 요소이기 때문이다. 우리는 땅에서 삶에 필요한 모든 것을 얻고, 죽어서는 다시 어머니 대지의 품으로 돌아간다. 어머니 대지에게 기도를 드리는 것은 바로 그 때문이다. 이런 것들을 잊어버린다면, 우리는 더 이상 인간으로 존재할 수 없다.

봄이 오면 ♀

보라, 형제들이여. 봄이 왔도다. 태양이 대지를 따사롭게 감싸고, 우리는 곧 그 사랑의 결실을 보게 되리라!
모든 씨앗이 깨어나고 짐승들은 저마다의 삶을 시작한다. 우리 인간도 그 신비한 힘을 통해 이 땅에 존재한다. 또한 그 신비한 힘으로 말미암아 우리의 이웃이, 심지어 동물 형제들까지 우리와 똑같이 이 땅에서 살아갈 권리를 갖고 있음을 배운다.

태양의 춤
♀

우리는 태양의 전지전능함을 믿는다. 봄이 오면 태양은 나무를 움트게 하고 풀이 자라게 한다. 우리는 우리 스스로의 눈으로 그 모든 기적을 보았다. 그리하여 우리는 대지의 모든 생명이 태양에서 비롯되었음을 알고 있다.

기도의 방법

신에게 도움을 부탁하는 방법은 여러 가지다. 어떤 방법을 쓸 것인가는 사람마다 다르다. 어떤 사람은 조용한 방법을, 어떤 사람은 떠들썩한 방법을 좋아한다. 사람들이 없는 곳에서 조용히 명상을 하는 사람도 있다.

그런데 신의 대답을 들으려면, 먼저 자격을 갖추어야 한다. 준비가 부족하면 대답도 없다. 그저 밖으로 나가 기도를 한다고 대답을 얻을 수 있는 것이 아니다.

눈을 감아라. 많은 것이 보일 것이다. 자기 마음속으로 들어가면 사물이 명확해질 것이다. 눈앞의 물체는 정신을 흩트린다. 평원에 외롭게 솟은 언덕 꼭대기나 다른 높은 곳을 찾아라.

이 세상 누구도 자기 힘만으로 성공할 수 없다. 또한 다른 사람에게 도움을 청할 수 없는 일도 있다. 바로 그럴 때 위대한 정령의 사자使者들에게, 새나 짐승에게 도움을 청하라.

신의 심부름꾼 ♀

 새는 가고 싶으로 곳은 어디든지 갈 수 있고, 쉬고 싶으면 언제든지 쉴 수 있다. 새들은 언제 어디서나 자유롭기 때문에 우리는 새를 중요하게 여긴다. 우리가 새에게서 깃털을 빌리는 이유가 바로 이것이다. 새들의 깃털이 창조의 신을 불러올 수 있으므로, 우리는 제사에서 깃털을 사용한다.
 독수리는 어떤 새보다 하늘 높은 곳까지 날아오를 수 있고, 창조의 신과 가장 가까운 곳까지 갈 수 있다. 그러므로 어떤 새의 깃털보다 독수리의 깃털이 가장 성스럽다. 독수리는 새들 가운데 가장 지위가 높으며, 따라서 어느 한 부족이나 어느 한 사람의 소유물이 될 수 없다.

신성한 날

♀

삶에는 결코 피할 수 없는 한 가지 의무가 있다. 기도의 의무다. 기도를 통해 보이지 않는 존재, 영원한 존재를 일상생활에서 인식하는 것이다. 매일의 기도는 매일의 식사보다 중요하다.

우리는 아침에 자리에서 일어나면 모카신을 신고 냇가로 나가, 차고 맑은 물을 한 움큼 끼얹는다. 그런 다음 다가오는 아침과 마주 서서, 지평선 끝에서 춤추는 태양을 맞아 무언의 기도를 올린다. 아내 역시 같은 기도를 하지만, 절대로 남편과 함께 기도하지 않는다. 사람들은 저마다의 영혼을, 감미로운 새 태양을, 위대한 침묵을 각자 혼자서 맞아야 하기 때문이다.

붉은 사냥꾼은 사냥이 끝날 때마다 끝없이 아름답고 장엄한 풍경과 맞닥뜨린다. 산정에 걸린 채 형형색색의 번갯불을 번쩍이는 검은 천둥구름, 푸른 골짜기의 심장부에서 하얗게 부서지는 폭포, 피처럼 붉은 석양으로 물드는 광활한 초원. 그는 잠시 경외하는 마음으로 멈추어 서서 기도를 드리지 않을 수 없다.

붉은 사람들에게는 모든 날이 신의 날이므로 구태여 하루를 따로 떼어내 신성한 날로 정할 필요가 없다.

생명의 소명

♀

 모든 피조물은 저마다 생명의 소명에 따라 살아간다. 나무가 따라야 할 생명의 소명은 열매다. 그러므로 나무는 반드시 열매를 맺는다. 제 철이 찾아오면 열매를 맺지 아니할 때가 없다. 짐승들도 저마다 삶의 소명을 갖고 있고, 반드시 그 소명에 따라 살아간다. 그들은 여전히 처음 창조되었을 때의 모습으로 살아가고 있다.

 그렇다면 인간이 따라야 할 삶의 소명은 무엇일까? 바로 시작과 끝을 가늠할 수 없이 반복되는 생명의 원이다.

대지의 윤리

우리 인간에게 대지와 하늘은 도덕이다. 따라서 인간은 대지의 윤리가 가르치는 대로 살아야 한다. 그렇지 않으면 이 대지에서 더 이상 생존할 수 없다.

신을 섬기는 법

우리는 창조의 신이며 만물을 주관하시는 위대한 정령을 섬겨왔다. 흰 사람들은 우리를 야만인이라고 생각한다. 그래서 우리의 기도를 이해하지 못하고, 이해하려 하지도 않는다. 우리가 해와 달, 바람을 찬미하면 우상을 숭배한다고 말한다. 신을 모시는 방법이 자기와 다르다 하여, 무조건 영혼을 잃어버린 자들로 취급한다. 위대한 정령께서는 만물을 주관하신다. 해와 달, 나무와 바람, 그리고 산까지도 그이가 지배하신다. 그러므로 우리는 때때로 그이가 주관하시는 것들을 통해 위대한 정령에게 다가가려고 한다. 이것이 그리도 나쁜 일인가? 우리는 지고한 존재에 대한 진정한 믿음을 갖고 있다. 우리를 이교도라 부르는 흰 사람들보다 훨씬 강한 믿음을 갖고 있다.

땅
에
대
한
의
무

오랜 옛날부터 우리는 어머니가 늙었다고 밖에 내다버리지 않았다. 오히려 그 어머니를 집 안으로 모셔 돌봐드렸다. 대지도 그와 마찬가지다. 그와 똑같이 어머니 대지를 돌봐야 할 의무가 있다. 이것은 근본적으로 모든 인디언들이 공감하는 의무다.

만물의 어머니 ♀

짐승이든 풀이든 생명을 낳는 것은 여성이다. 여자들이 본능적으로 이해하고 있는 이 같은 우주의 섭리를 남자들도 깨달을 수만 있다면 세상은 훨씬 좋은 방향으로 변할 것이다.

생명을 잉태한 여자 ♀

새 생명을 잉태한 여자는 다른 사람의 눈을 피해 특별한 몸짓을 연습하거나 남몰래 명상을 한다. 아직 태어나지 않은 아이의 영혼에 위대한 정령의 사랑과 살아 있는 모든 생물에 대한 형제애를 가르치기 위해서다. 이처럼 교육은 아이가 어머니의 자궁에 있을 때부터 시작된다.

아이를 가진 여자는 세상에 나올 아이의 본보기로 가족이나 부족들 중에 위대한 인물을 선택한다. 그리고 항상 마음속으로 그 사람을 생각한다. 부족에 전해 내려오는 그 사람에 관한 미담이나 용기 있는 모험에 관한 일화를 모아, 혼자 있을 때마다 그 행동들을 따라한다. 사람들의 눈을 피할수록 효과가 훨씬 좋다. 따라서 아이를 가진 여자는 되도록 사람들의 눈에 띄지 않는 곳을 찾는다. 깊은 숲이나 아직 사람들의 발길이 닿지 않은 초원을 찾아 기도를 하며 정적 속을 걷는다. 또한 눈은 항상 장엄하고 아름다운 경관을 기록한다.

새
벽
을
찬
미
하
다
♀

검은 칠면조가 동쪽을 향해 꼬리를 펼치면, 그 아름다운 깃털 끝이 흰 새벽을 부른다. 그 새벽으로부터 소년들이 득달같이 달려오고, 그들은 하나같이 햇살로 지은 노란 신을 신었다. 그들은 햇살의 흐름을 타고 춤을 춘다. 새벽 무지개는 춤을 추도록 소녀들을 보냈다. 소녀들은 한결같이 노란 셔츠를 입었다. 우리 머리 위에서 춤추는 그들은 새벽의 소녀들이다. 장엄하고 거대한 산록이 초록으로 물들어가며, 꼭대기는 노랑 물감을 뒤집어쓴다. 그리고 이제 우리의 머리 위로 새벽이 찾아온다.

생명의 바람

그들에게 생명을 주었던 것은
바람이었다.
우리의 입 속에서 나와
다시 우리에게 생명을 불어넣어주는 것은
바람이다.
그리하여 바람이 불기를 그치면 우리의 삶도 끝나리라.
이제 손가락 끝에서
바람의 흔적을 느낀다.
선조들이 창조되었을 때도
똑같은 바람이 불었으리라.

풍성한 가을 대지의 마음처럼

해와 달에게 감사한다

달과 별에게 감사하노라, 해가 휴식을 취하러 사라지면, 그대는 우리에게 빛을 주므로. 그대의 지혜는 너무나 자상하고, 그대의 빛은 부족함이 없다. 그대의 은혜가 먼 훗날까지도 영원히 이어지기를.

다시 해에게 감사하노라, 그대의 자애로움은 항상 이 대지를 포용하므로. 그대는 자유로운 지혜로 때맞춰 계절을 움직이고, 따뜻함과 차가움을 베풀고, 그대의 백성들을 평안케 한다. 그 지혜가 끝없이 우리에게 계속되기를 기도한다. 그대의 지혜는 우리 백성들을 진리의 길로 인도하리라. 우리가 사악함에 빠지지 않게 하리라. 그대가 부끄러움으로 고개를 돌리고, 우리를 어둠 속에 버려두는 일이 없기를 기도하노라.

대추장의 명상 1

형형색색의 불길로 타오르는 산들 중에 가장 높은 곳에 올라, 발 아래 세상을 보았다. 나를 둘러싼 모든 세계가 완전한 원을 이루고 있었다. 영혼을 통해 신성한 방식으로 만물의 형상을 들여다보면, 마치 모든 것이 하나의 존재인 것처럼 더불어 살아야 하는 모양새를 갖고 있기 때문이다.

그곳에서 나는 말할 수 있는 것보다 훨씬 많은 것을 보았고, 볼 수 있는 것보다 훨씬 많은 것을 이해했다. 나는 내 백성이 하나의 신성한 고리를 만들고 있음을 보았다. 그 고리가 햇빛처럼 별빛처럼 더욱 광대무변廣大無邊한 큰 고리를 형성하는, 셀 수 없이 많은 고리 중에 하나임을 보았다.

그 한가운데에는 한 어머니와 한 아버지에게서 비롯된 모든 자식들이 함께 어우러져 쉴 수 있는, 흰 얼굴과 붉은 얼굴의 모든 자식들이 어울려 살 수 있는 한 그루의 거대한 나무가 꽃을 피우고 있음을 보았다. 그리고 그 신성함을 깨달았다.

대지의 선물

위대한 정령은 우리의 아버지이고, 대지는 우리의 어머니다. 어머니 대지는 우리를 살지게 한다. 뭔가를 땅에 심으면, 대지는 반드시 결실을 돌려주며, 또한 우리를 치료할 약초를 준다. 우리는 상처를 입으면 어머니에게 가서, 다친 부분을 대지와 마주하여 상처를 치료한다.

수확을 축복하다

어머니 대지는 옥수수 가루로 지은 네 겹의 긴 옷을 입고 우리를 기다린다. 겨울에는 얼음이 온 세상을, 온 숲을 뒤덮고 어머니 대지의 살이 추위로 부서진다. 그러나 생명의 물이 충만한 봄이 오면 어머니 대지는 온갖 곡식의 씨앗을 품는다. 씨앗은 어머니 대지의 물과 아버지 하늘의 햇살을 빨아들여, 대지를 딛고 하늘을 향해 일어선다. 저기 모든 곳에서. 그리고 한껏 팔을 내뻗어 간절히 비를 바란다.

비의 신들은 우리의 땅에 신선한 물을 내려준다. 그러면 팔을 뻗어 수정을 마친 옥수수들은 자식을 등에 업는다. 옥수수를 모아 집으로 돌아오면 우리의 마음도 그 옥수수를 따라간다. 그리하여 우리도 생명을 이어가게 된다. 이것이 바로 우리가 옥수수의 날을 기다리는 이유다.

들소 사냥

늙은 아비들의 노래를 들어라. 그 노래는 자랑스런 조상들의 노래다. 우리의 아버지 들소는 세월의 무게로 육중해졌다. 세월의 육중함은 끝없이 걸어간다. 너무 무거워, 한 번 쓰러지면 다시는 일어날 수 없다. 끝없이 걸어라. 멈추지 말라. 세월이 그대를 늙게 했다. 세월이 그대의 머리를 숙이게 했다. 세월의 육중함이여, 세월의 육중함이여. 늙은 들소는 나의 늙은 아비다.

다름의 미학

짐승과 새, 풀과 나무들은 위대한 정령이 이 땅에 보낸 것이다. 풀과 나무는 위대한 정령에게 지혜를 얻어 싹을 틔운다. 해와 비의 세례를 받는 부분은 땅 위로 올라와 푸른 잎과 줄기가 되고, 뿌리는 수분을 찾아 땅 밑으로 내려가는 것이다. 하지만 모든 풀과 나무가 똑같은 모양을 갖고 똑같은 꽃을 피우는 것은 아니다.

짐승도 위대한 정령의 가르침으로 사는 법을 배운다. 위대한 정령은 새들에게 둥지 트는 법을 가르쳤지만, 새들의 둥지가 모두 같은 것은 아니다. 위대한 정령의 가르침은 대략적인 개요와 방법에 불과하며, 자세한 것은 스스로 깨닫도록 가르치고 있기 때문이다. 어떤 새들이 다른 새들보다 훨씬 좋은 둥지를 트는 것은 바로 이 때문이다.

신성한 담뱃대

앞을 내다보는 지혜는 샛별에서 온다. 우리는 이 별을 '속삭이는 별'이라 부른다. 그리고 나는 '속삭이는 별'에서 이 가르침을 얻었다.

영혼은 잠들지 않는다. 그들은 내가 원하는 것을 가르쳐준다. 그들로 인해 나는 사물을 꿰뚫어보는 눈을 얻었다. 내 머리의 눈은 눈앞의 사물밖에 보지 못하나, 나는 영혼들의 눈을 통해 큰 바다 너머의 사람들을 본다. 그들은 문명인들이라 하여, 사람들 사이에 벽을 만드는 것을 좋아한다. 가시철망을 발명하여, 그 철망을 각자 자신의 마음에 둘러 세우는 것이다. 그러나 이 땅에는 신성한 담뱃대가 있어, 사람들 사이에 장벽을 세우지 않고 조화롭게 살아간다. 신성한 담뱃대는 벽을 없애는 도구다. 둥그런 원 안에 앉아, '속삭이는 별'의 가르침에 따라 올바른 방법으로 담배를 피우면 모든 담이 사라진다. 모든 마음의 벽이 먼지로 부서지는 것이다.

대추장의 명상 2

모든 힘은 원이다. 세상을 움직이는 힘은 원 안에서 작용하고, 만물은 둥글어지려는 속성이 있다. 하늘은 둥글고, 이 땅도 둥글다. 또한 모든 별들이 그처럼 둥글다. 바람 가운데 가장 센 바람은 회오리바람이다. 새들도 둥지를 만들 때는 둥글게 만든다. 그들도 우리처럼 원의 신앙을 숭상하기 때문이다. 해는 둥근 모습으로 떠서, 다시 둥근 모습으로 진다. 달도 그 시작과 끝은 항상 둥글다. 심지어 계절의 변화도 이와 같으니, 항상 커다란 원을 그리며 원래의 계절이 다시 돌아온다. 사람의 일생 또한 마찬가지다. 어린아이로 나서 어린아이로 돌아가는 시간의 원 안에서 일생을 마친다. 힘이 작용하는 곳에서는 만물이 원 안에 있다. 그러므로 우리는 새들처럼 둥근 천막을 만들고, 둥근 천막을 둥글게 배치하여 마을을 만들고, 이것은 나라라는 큰 고리를 이루는 하나하나의 작은 고리가 된다. 또한 위대한 정령의 가르침에 따라 자식을 낳고 그 자식이 자식을 낳아 세대를 이어간다.

때가 되면

사람들은 존경받을 만한 일을 한 사람을 보면 잘했다고 칭찬한다. 밤과 낮이 바뀌고, 하늘의 해와 달, 별, 계절이 바뀌며 과실이 익어가는 것을 보면, 사람보다 위대한 힘을 가진 존재를 느끼고 그를 칭송하는 것도 이와 마찬가지다.

그 위대한 힘의 피조물 가운데 가장 거룩한 것이 해이며, 해가 없으면 아무것도 살 수 없다. 새와 짐승, 나무와 바위도 위대한 힘의 작품이다. 어떤 사람은 새들의 노래를 이해한다고 한다. 있을 수 있는 일이다. 새와 짐승, 나무와 풀이 모두 위대한 힘에 의해 창조된 형제들이기 때문이다. 종종 사람들은 비나 눈처럼 뭔가를 이루려고 기도한다. 우리가 바란다고 그 같은 일이 모두 이루어지지는 않는다. 그러나 아무리 크고 힘든 일도 때가 되면 반드시 이루어진다. 만물은 인간보다 위대한 힘에 의해 움직이기 때문이다.

기도할 때는

기도를 할 때는 많은 말이 필요없다. 책에서 꺼낸 수많은 말을 읽거나 읊조릴 필요도 없다. 기도의 말은 짧을수록 좋다. 말이 길어지면, 기도하는 사람 자신도 무슨 말을 하고 있는지 이해하지 못하기 때문이다.

영혼의 항구

사람들은 미래의 실존에 대한 굳건한 신념과, 만족스러운 믿음에 대한 깊은 영적 갈망을 갖고 있다. 그 같은 믿음은 안정된 인격을 만들어준다. 하지만 오늘날의 젊은이들은 그처럼 영혼이 닻을 내릴 항구를 찾지 못하고 있다.

인간의 의무

인간은 매우 신성한 의무를 지고 이 세상에 태어난다. 인간은 신에게서 받은 특별한 선물을 다른 생명들과 함께 나누어야 할 책임을 갖고 있다. 그 의무는 풀과 꽃의 삶에 내리신 화려함이나 이 대지 위에서 살아 숨쉬는 어떤 생물들이 받은 선물보다 훨씬 값지다. 인간은 살아 있는 모든 것들을 보살필 수 있는 능력을 부여받았기 때문이다.

당신들의 낙원 8

흰 사람들은 장대와 나무껍질을 엮어 만든 오두막을 허물고, 자기들처럼 돌과 나무로 집을 지으라고 한다. 하늘을 찌를 듯한 나무들처럼 높고 으리으리한 집으로 바꾸라고 한다. 근사한 집이다. 그러나 사람의 키는 고작해야 2미터도 안 되는데, 무엇 때문에 20미터씩이나 되는 집이 필요한 걸까?

흰 사람들은, 자기 나라는 낙원이지만, 우리 땅은 살기 힘든 곳이라고 말한다. 그러면 그들이 무엇 때문에 우리 땅에 온 걸까? 그리고 죽어라 일만 해야 겨우 입에 풀칠을 할 수 있는 그곳이 정말 낙원일까? 편안한 휴식, 사냥과 고기잡이의 기쁨을 만끽하며 필요한 것은 뭐든지 얻을 수 있는 이곳이야말로 진정한 낙원이 아닐까?

우리 백성들은 누구보다 행복하다. 어느 문명인들보다 건강하다.

승리자의 회상

어린 시절의 우리는 베푸는 법을 알고 있었다. 그러나 문명의 가르침은 그런 아량을 잊게 했다. 애초에 우리는 자연에서 살았지만, 지금은 인공의 삶을 살고 있다. 그때는 작은 조약돌 하나도 소중했다. 날마다 크는 나무도 경배의 대상이었다. 그러나 이제는 자연 그 자체가 아니라 겨우 돈으로나 가치를 따질 수 있는 풍경화 따위를 섬기고 있다니! 우리는 변했다. 우리는 자연의 바위를 부숴 벽돌을 만들고, 그 벽돌로 마음의 벽을 쌓았다.

영원히 소유할 수 있는 것

이 세상의 부富는 빌려온 것이다. 진실로 좋은 것은 아무도 혼자 소유할 수 없다. 태양은 황금빛 햇살을 내리고, 대지는 샘솟는 옥빛 물을 선사한다. 옥수수의 녹색 이파리를 만지듯, 우리는 그 생생함을 느낀다. 하지만 우리는 이 가운데 그 어느 것도 하루 이상 가질 수 없다. 찰나가 지나면 그 아름다움은 더 이상 우리 것이 아니다.

이 세상에서 인간이 영원히 소유할 수 있는 것은 기억뿐이다. 올바른 행동에 대한 회상과 사람들에 대한 소중한 기억. 이것 하나만은 누구도 우리에게서 빼앗을 수 없으며, 결코 사라지지 않을 것이다.

문명의 가르침

결혼을 하면서 나의 생활은 고단해졌다. 문명에 순응하면서 배웠던 교육이 사막에서 먹을 것을 얻는 방법을 잊게 만들었기 때문이다. 나는 열기와 먼지 속에서 고된 일을 할 수 있도록 단련되지 못했다. 어떻게 빗물을 모으고, 바람을 피하는지 잊어버렸다. 심지어 좋은 날과 궂은 날을 예상하는 방법조차 알지 못하여, 거친 바람이 몰아치고 해충이 들끓는 마른 땅에서 어린 곡식을 돌보는 법을 알지 못했다. 돌풍과 가뭄, 질병 속에서 양떼를 모는 일도 이제는 할 수 없다.

변하지 않는 것
8

인간의 삶이란 덧없는 것이다. 그러므로 죽음의 공포에 사로잡히는 것은 참으로 무익하다. 사람은 누구나 곧 죽음을 맞게 되어 있기 때문이다. 인간이나 다른 생명은 세상에 나와 한 생을 살다가 반드시 죽음을 맞지만, 산과 강은 늘 한결같은 모습으로 남아 있다. 눈에 보이는 것 중에 이들만이 유일하게 변치 않는다.

인간의 힘

인간도 기적을 행할 수 있지만, 해와 달을 마음대로 부리고 계절을 마음대로 바꾸지는 못한다. 인간이 할 수 있는 가장 경이로운 기적조차 자연의 섭리에 비해 하찮기 그지없다. 그러므로 계절이 바뀌면, 그것을 우리는 태양이 준 선물이라 생각한다. 성스럽고 신비한 힘 가운데 가장 거룩한 힘이 우리에게 주신 선물이라 생각하여, 우리 백성들은 태양을 경배한다.

위대한 정령

우리의 믿음 속에서 인간과 위대한 정령 사이를 가로막는 것은 아무것도 없다. 사람은 누구나 위대한 정령과 직접 만날 수 있다. 그리고 위대한 정령은 하늘에서 비가 내리는 것처럼 한 사람, 한 사람에게 거침없이 축복을 내려준다. 위대한 정령은 고고하고 동떨어진 존재가 아니다. 사람들의 죄를 벌하기보다 늘 사악한 힘을 억누를 방법을 찾는다. 짐승이나 새를 벌하지 않듯이, 사람을 벌하지 않는다. 위대한 정령은 벌을 주는 신이 아니다. 죄악이란 선한 힘이 악한 힘에 졌기 때문이라는 것을 잘 알고 있기 때문이다. 또한 궁극적으로 세상을 지배하는 힘은 단 하나뿐임을, 그것이 곧 선임을 알고 있기 때문이다.

침묵의 힘

처음에 이 땅에서 살던 이들은 겸양과 자부심이 어우러져 있었다. 정신적인 교만이란 그들의 본성이나 가르침과 거리가 멀었다. 교묘한 혀의 힘을 말 못하는 짐승에 대한 우월함의 징표로 삼지 않았다. 그것은 인간에게 오히려 위험한 재능이었을 뿐이다. 그들은 침묵의 힘을 진심으로 믿었고, 완벽한 균형의 상징으로 생각했다. 침묵은 절대 평정이며, 몸과 마음과 영혼의 균형을 뜻했다.

완벽한 인격을 가진 사람은 더없이 고요하다. 큰 나무에 매달린 나뭇잎처럼, 빛나는 호수의 잔물결처럼 실존의 폭풍에 흔들리지 않는다. 글로 쓰여지지 않은 현자의 마음처럼, 이것이야말로 인생에서 가장 이상적인 태도이며 행동이다.

만약 현자에게 '침묵이란 무엇이오?'라고 묻는다면, 현자는 '위대한 신비'라고, '신성한 침묵은 그의 목소리'라고 대답할 것이다. 만약 '침묵의 대가는 무엇이오?' 하고 물으면 현자는 이렇게 대답할 것이다.

'침묵의 대가는 자제와 진정한 용기, 끈기와 인내, 위엄과 존경이다. 침묵은 인격의 시금석이다.'

평화의 의미

평화 가운데 가장 중요한 평화는 영혼의 평화다. 영혼의 평화는 우주 자체와 온 우주에 고르게 존재하고 있는 힘, 인간 사이의 관계와 통일성을 인식함으로써 달성된다. 이는 곧 우주의 중심에는 위대한 정령이 있고, 위대한 정령은 온 우주에 고르게 존재하며, 모든 인간들 안에도 그가 존재하고 있음을 인식하는 것이다. 이야말로 진정한 평화이며, 다른 평화는 이것을 반영한 것에 지나지 않는다.

두 번째 평화는 사람들 사이의 평화이며, 세 번째 평화는 나라와 나라 사이의 평화다. 그런데 사람들의 영혼 안에서 평화가 이루어지지 않는 한 사람과 사람, 나라와 나라 사이에 진정한 평화는 있을 수 없다.

당신들의 신은

당신들의 신은 잔인하며, 전능하지도 않다. 당신은 늘 내게 죽은 사람들이 간다는 지옥과 악마에 대해 얘기하지 않았던가? 우리의 신은 전능하며, 선 그 자체다. 악마도 없다. 지옥 같은 것은 더더욱 없다. 우리의 종교는 당신들의 종교보다 훨씬 행복함이 넘치기 때문이다. 하여 나는 당신의 종교로 개종하기보다 나의 신을 고수하겠다.

우리의 신은

우리는 아주 단순한 사람들이라, 당신들 눈에는 우리가 바보로 보일지도 모른다. 그렇지만 우리는 어머니 대지 가까이에 살고 있다. 당신들이 당신들의 신을 믿듯 우리도 우리의 신을 믿는다. 우리에게는 우리의 신이 최고다. 우리의 신은 우리에게 할 일을 말씀해주신다. 비와 구름과 햇빛, 옥수수, 그리고 삶에 필요한 모든 것을 주신다. 당신의 신을 몰랐을 때부터 우리의 신께서는 그 모든 것을 우리에게 주셨다. 당신의 신이 그렇게 위대하다면, 우리의 신이 내게 이야기하는 것처럼 직접 내게 가슴으로 얘기하게 해보라. 당신들 흰 사람들의 입을 통해서가 아니라.

나무에 대한 배려

나무에 해를 입히는 것은 좋지 않다. 어쩔 수 없이 나무를 베야 한다면 먼저 담배를 바쳐라. 그리고 베어낸 나무는 한 조각도 버리지 말고 반드시 다 써라. 나무의 기분을 배려하기 위해서이다. 나무의 기분을 살피지 않을 양이면, 나무를 베기 전에 담배를 바칠 필요도 없다. 그러면 숲에 있는 다른 나무들이 슬퍼할 것이고, 우리의 마음도 아플 것이다.

검은 옷을 입은 사람

검은 옷을 입은 선교사들은 우리도 그들처럼 신을 볼 수 있도록 빛을 달라고 기도한다. 그들 자신에 대해서도 장님이면서. 위대한 정령께서는 무지하다는 이유로 우리를 벌준 적이 없는데도 말이다. 그들을 인도하는 빛에 관하여 자기들끼리 서로 다툰다. 우리는 그런 것들을 이해할 수 없다. 더구나 그들이 우리에게 알려준 인도의 빛은 우리 조상들이 걸었던 곧고 단순했던 길을 어둡고 음산하게 만들었을 뿐이다.

검은 옷을 입은 사람들은 우리더러 농사를 짓고 옥수수를 경작하라고 한다. 정작 자기들은 아무 일도 하지 않고, 다른 사람들이 먹을 것을 주지 않으면 굶어죽을 수밖에 없으면서. 그들이 하는 일이라곤 신에게 기도하는 것뿐이다. 기도를 하면 옥수수와 감자가 저절로 자랄까? 그렇다면, 그들은 왜 우리에게, 그리고 흰 사람들에게 구걸을 하는 걸까?

당신들의 믿음은

당신네 흰 사람들은 신을 섬기는 방법을 알려주러 왔다고 말한다. 그리고 당신네 백인들이 가르쳐준 종교를 받아들이지 않으면, 우리가 앞으로 불행해질 것이라고 말한다. 당신들은 당신이 옳고, 그 때문에 우리가 패배했다고 말한다. 그러나 우리가 당신들의 말을 무엇으로 확인할 수 있을까?

당신들의 종교는 책 속에 있다. 만일 그 책이 당신들만이 아니라 우리를 위한 것이라면, 위대한 정령께서 왜 우리에게는 그 책을 주시지 않았을까? 왜 우리 조상들에게는 그 책을 내려주시지 않았을까? 그 책을 이해하는 방법을 왜 알려주지 않았을까? 우리는 당신들의 입을 통해서만 그 안에 쓰인 내용을 알 수 있다. 그러나 그렇게도 자주 속아왔는데, 어떻게 당신들을 믿을 수 있을까?

우리의 믿음은

신을 섬기고 봉사하는 방법은 한 가지뿐이라고 당신들은 말한다. 좋다, 세상에 종교가 하나밖에 없다면 흰 사람들끼리는 왜 그리 믿음이 서로 다른가? 똑같이 그 책을 읽을 수 있을 텐데, 왜 그리 생각들이 다른가? 백인이나 인디언이나 모두 위대한 정령께서 만드셨다. 그런데 서로를 아주 다르게 만드셨다. 서로 다른 피부색과 서로 다른 문화를 주셨다. 흰 사람들에게는 기술을 주셨다. 그러나 붉은 사람들에게는 기술에 대해 눈을 뜨게 해주지 않으셨다.

그 이유가 무엇일까? 진실은 바로 이것이다. 위대한 정령께서는 많은 면에서 흰 사람과 붉은 사람 사이에 큰 차이를 주셨다. 그러므로 각자 사고방식에 따라 서로 다른 종교를 주셨다. 너무나 당연한 결론이 아닌가?

위대한 정령께서 하신 일은 옳다. 그는 당신의 자식들을 위해 무엇이 최선인지 알고 계셨다. 우리는 거기에 만족한다.

대추장의 명상 3

아주 오래 전, 우리 백성들은 강하고 행복했다. 우리의 모든 힘은 대지의 신성한 고리에서 비롯되었고, 그 고리가 깨어지지 않는 한 우리 백성들은 항상 번창했다. 신성한 원의 중심에는 꽃을 피우는 나무들이 있고, 나무들은 다시 이를 중심으로 뻗은 네 방향의 원을 살지게 했다. 그 동쪽의 원은 우리 백성들에게 평화와 빛을 주었고 남쪽의 원은 따뜻한 온기를, 서쪽의 원은 비를, 차가움과 강한 바람을 가진 북쪽의 원은 힘과 인내를 주었다.

지식이란 흰 사람들의 종교와 함께 바깥 세상에서 전래된 것에 불과하다. 그러나 세상의 모든 일은 바로 이 원 안에서 이루어진다. 위대한 정령께서 내게 가르쳐준 지혜가 바로 이것이다.

별의 노래

우리는 노래하는 별,
별빛은 우리의 노래일세.
우리는 하늘을 나는 불새,
그 빛은 우리의 목소리일세.
우리는 길을 만들고,
영혼은 그 길을 지난다네.

사라진 것들에 대한 기록

흙을 사랑하다

나이가 들수록 사람은 흙을 사랑한다. 땅에 앉거나 누우면 자신을 고향으로 인도할 힘이 가까워지고 있음을 느낄 수 있기 때문이다. 인간의 고향은 어머니 대지의 품속이다. 발이 땅에 닿는 것은 건강에도 좋다. 노인들이 모카신을 벗고 맨발로 이 신성한 대지 위를 걷는 것을 좋아하는 이유가 그 때문이다. 그들은 땅 위에 집을 세우고, 흙으로 제단을 만든다. 하늘을 나는 새도 쉴 때는 땅으로 내려오며, 대지는 생명을 갖고 자라나는 만물의 마지막 안식처다. 땅은 고통을 덜어주고 힘을 불어넣어주며, 정신을 정화시키고 육신을 치료한다. 노인들이 자리에서 일어나 생명을 주는 힘과 멀어지기보다는 앉아 있는 것을 즐기는 이유가 바로 그것이다. 노인들은 땅에 앉거나 누움으로써 보다 깊이 생각하고 보다 예민하게 느낄 수 있다.

불행은

슬퍼하지 말라. 가장 현명하고 가장 착한 사람들에게도 불행은 찾아온다. 죽음은 항상 적당하지 않은 때에 찾아온다. 그것이 위대한 정령의 법이며, 모든 나라와 백성들은 그 명령에 복종해야 한다. 지난 일이나 막을 수 없는 일을 두고 슬퍼하지 말라. 불행이 꼭 우리의 삶에서만 일어나는 것은 아니다. 불행은 모든 곳에서 자라난다.

몽상가 스모할라가 말하다

고단한 자들은 꿈을 꾸지 못하나, 우리 백성들은 꿈에서 지혜를 얻는다. 그런데도 땅을 갈아엎어 당신네처럼 농사를 지으라는 건가? 우리는 결코 농사를 짓지 않겠다. 땅을 파헤치라니! 칼로 어미의 가슴을 가르라는 건가? 그러고도 죽어서 대지의 품에서 편히 쉴 수 있을까? 돌을 파내라고! 살갗을 헤치고 어미의 뼈를 발라내라는 건가? 그러고도 죽어서 다음 생을 위해 대지의 품에 내 몸뚱이를 맡길 수 있을까? 풀을 베어 건초를 만들고, 그걸 팔아 백인들처럼 부자가 되라고! 돈을 벌겠다고 어떻게 감히 어미의 머리칼을 자른단 말인가?

흰 사람들의 법은 잘못되었다. 그러므로 그 법을 따르지 않겠다. 나는 우리 율법에 따라 내 백성들과 함께 여기에서 살겠다. 죽은 자들이 다시 태어날 이곳에서. 우리는 조상의 집이 있는 이곳에서 그들의 부활을 기다리겠다. 아직 대지의 품속에서 잠자고 있는 그들을 맞을 준비를 하겠다.

죽음의 이유

사람은 영혼과 초자연적인 존재의 고향인 쉬팝에서 온다. 옛날 사람들은 병에 걸려도 자기가 무엇 때문에 괴로움을 당하고 있는지 몰랐다. 질병을 본 적이 없었기 때문이다.

사람들은 주술사 쉬코요에게 말했다.

"영혼들의 고향 쉬팝에 계신 우리의 어머니가 도와줄 것이오. 그곳으로 돌아가 이 어려움을 해결해달라고 부탁하시오."

주술사가 생명의 어머니를 찾아가자 그녀는 이렇게 말했다.

"아이는 죽었다. 나의 자식들인 너희가 죽지 않으면 세상이 사람들로 가득 차 더 이상 너희가 살 곳이 없게 될 것이다. 너희가 죽으면 이곳 쉬팝으로 와서 나와 함께 살게 될 것이다. 여정을 멈추지 말거라. 너희 중에 누가 죽더라도 아파하거나 스스로 삶을 포기하지 말거라."

천국의 땅

천국은 위대한 땅이다. 그 땅에는 많은 구멍이 있다. 그 구멍을 우리는 별이라 부른다. 천국에는 죽은 자들의 영혼을 지키는 정령이 살고 있다. 주술사들의 말에 따르면, 그곳에는 위대한 정령이 살고 있고 그 정령은 여자라고 한다. 그리고 죽은 자들의 영혼은 그녀에게 맡겨진다.

때때로 너무나 많은 사람들이 죽으면 그곳은 너무나 많은 사람들로 북적이게 된다. 천국이 죽은 자들의 영혼으로 흘러넘치면 영혼은 별들을 통해 쏟아져 비가 되고 눈이 된다. 죽은 자들의 영혼은 파나의 집에서 다시 태어나, 달의 힘을 빌려 땅 위로 내려간다. 하늘에 달이 보이지 않으면, 그것은 달이 파나를 도와 영혼을 지상으로 내려보내느라 바쁘기 때문이다. 어떤 영혼은 다시 사람이 되고, 또 어떤 영혼은 동물이 되어 야생으로 돌아간다.

생명은 그렇게 끝없이 계속된다.

사
랑
을

잃
고

왜 나는 신의 집에서 뛰쳐나와, 무엇 때문에 이 땅에 태어났을까? 이처럼 비참한 세상에. 내가 태어나지 않았더라면, 정말로 이 땅에 나지 않았더라면 이런 말을 하지 않아도 되었을 텐데.

어찌 해야 할까? 내 말을 듣는 이여, 그대는 내가 갈 길을 아는가? 내가 이 땅 위에서 고단한 삶의 투쟁을 계속해야 하는가? 슬픔을, 마음의 고통을 견디어내는 것이 나의 운명인가? 형제여, 나의 형제여. 이 땅에서 내게 도움의 손길을 줄 사람은 오로지 그대뿐이지 않는가?

나의 땅은 당신의 돈보다 소중하다

땅은 영원하다. 아무리 거센 불길에도 타 없어지지 않는다. 따사로운 햇살이 있고, 생명의 물이 마르지 않는 한 땅은 살아 있는 모든 것들에게 생명을 준다. 이 땅은 위대한 정령께서 우리를 위해 이곳에 있게 하신 것이고, 우리의 소유가 아니므로 마음대로 팔 수 없다.

당신들은 땅 대신 돈을 주겠다고 한다. 그 돈을 세지 못할 사람이 누가 있을까? 그러나 해변의 모래알과 초원의 풀잎은 위대한 정령이 아니면 그 누구도 셀 수 없다. 그에 비해 당신의 돈은 들소가 머리를 한 번 끄덕이면, 그 사이에 사라지고 말 티끌에 불과하다.

나의 땅은 당신의 돈보다 값지다. 우리가 가진 것이라면, 당신들이 가져갈 수만 있다면 뭐든지 주겠다. 그러나 땅은 안 된다. 결코!

대지의 정령

흰 사람들은 대지와 사슴, 곰을 돌보지 않는다.

우리는 사냥을 해서 고기를 얻으면, 하나도 남기지 않고 먹어치운다. 나무뿌리를 캘 때는 되도록 땅에 구멍을 내지 않으려고 애쓴다. 천막을 세우려고 기둥을 박을 때도 구멍을 작게 내려고 노력한다. 해충을 잡으려고 쥐불을 놓을 때도, 모든 것을 깡그리 태우지 않는다. 도토리나 소나무 열매를 딸 때는 나무를 흔들지, 절대로 베지 않는다. 천막을 따뜻하게 하기 위해 불을 피울 때는 버려진 나뭇가지만 사용한다.

흰 사람들은 닥치는 대로 땅을 갈아엎고, 나무를 베고, 동물을 죽인다.

"하지 마라, 아프다. 날 괴롭히지 마라."

나무는 비명을 지른다. 그들은 이런 비명도 아랑곳하지 않고 나무를 베어낸다. 심지어 뿌리까지 파낸다. 베어낸 나무를 톱질하고, 상처를 낸다. 대지의 정령은 그들을 증오한다.

우리는 누구에게도 해를 입히지 않는다. 그러나 흰 사람들은 모든 것을 파괴한다. 바위를 폭파시켜 산산조각

낸다. '하지 마라, 나를 괴롭히지 마라'고, 바위들은 애원한다. 그러나 흰 사람들은 바위의 애원을 외면한다. 우리는 음식을 요리할 때처럼 돌이 꼭 필요하면, 되도록 작고 둥근 것만 쓴다. 흰 사람들은 깊고 긴 터널을 만들어 길을 낸다. 그들은 마음이 흡족할 때까지 땅을 파 들어간다. 그들은 땅이 울부짖는 소리를 듣지 못한다.

  대지의 정령이 어떻게 흰 사람들을 좋아할 수 있을까? 흰 사람들이 손대는 곳마다 상처뿐이다.

인디언의 나라

신은 커다란 담요를 펼치듯 인디언의 나라를 창조하셨다. 그리고 그 땅에 강을 만들고 강에 물고기를, 산에는 사슴을 만드셨다. 자연의 법칙을 만들고, 물고기와 사냥감을 번성케 하셨다. 창조의 신께서는 다음으로 인디언에게 생명을 주시고, 이 땅에서 정직하게 살게 하셨다. 우리는 깨어나자마자 눈앞에 펼쳐진 대지와 강을 보았다. 사냥감과 물고기를 보았다. 그리고 그것이 우리를 위해 있는 것임을 깨달았다. 또한 신께서는 나무뿌리와 산딸기를 만들어, 인디언 여자들이 그것을 모을 수 있도록 했다.

인디언들은 그렇게 인간으로 성장했고 그 수가 늘어났다. 이 땅은 우리가 창조될 때부터 우리의 몫이었고, 그 뒤로 쭉 우리가 권리를 주장할 수 있는 곳이었다.

내 삶의 요체

우리를 데려온 것은 창조의 신이며, 내 조상의 기억이 증명하는 한 이 땅의 모든 것은 우리의 권리다. 우리는 이 땅의 물고기와 나무뿌리를 먹고 자랐다. 내 어머니는 산딸기를 모으고, 내 아버지는 물고기를 잡고 짐승을 사냥했다. 내 살과 뼈는 물고기와 짐승들로부터 비롯되었으며, 내 피는 나무뿌리와 산딸기에서 왔다. 그러므로 이 땅의 짐승과 물고기는 내 삶의 요체다.

얼마나 오래 사느냐는 중요하지 않다. 이런 믿음이 때 이른 죽음을 부른다 해도 나는 생각을 바꿀 수 없다. 나는 여기서 나서 자랐다. 창조의 신께서 나를 이곳에 있게 하셨다. 내 말은 모든 것이 진실이다.

땅은 사고 팔 수 있는 것이 아닙니다

땅은 사고 팔 수 있는 것이 아니라고 나의 이성은 나를 가르친다. 위대한 정령께서는 당신의 자식들이 굶주림을 느끼지 않도록 먹을 것을 얻는 데 필요한 만큼 땅을 주셨다.

그 땅에 정착해 농사를 짓고 있는 한 우리는 땅에 대한 권리를 주장할 수 있다. 우리가 자발적으로 그곳을 떠난 후에는 다른 사람들도 그 땅에 대한 권리를 가질 수 있다. 갖고 다닐 수 없는 것이라면, 그 무엇도 우리의 소유가 아니기 때문이다. 우리의 소유가 아니라면, 그것을 팔 수 있는 권리도 당연히 우리에게 없다.

행복을 얻으려면

내 백성들은 오랫동안 당신들의 가르침을 받았다. 그러나 우리 조상들은 당신들의 가르침 없이도 잘 살았다. 그들은 대지로부터 지혜를 얻었다. 이곳은 우리 백성들의 아버지, 그 아버지의 아버지들이 처음 찾아낸 땅이다. 선조들은 대지의 가르침을 얻어 후손들에게 이 땅을 떠나지 말라고 가르쳤다. 당신의 조상도 우리처럼 당신들의 땅에서 일어났을 터이고, 그 대지는 당신들에게도 같은 것을 가르쳤을 것이다. 행복을 얻고자 하는 자는 무엇보다 자신의 땅으로 돌아가야 한다고.

형제의 이름으로

우정의 이름으로 얻을 수 있는 것을 왜 구태여 힘으로 빼앗으려 하는가? 당신에게 먹을 것을 준 사람들을 왜 파멸시키려 하는가? 전쟁을 일으킨다고 당신에게 무엇이 돌아올까? 우리는 무기가 없다. 당신들이 찾아와 형제의 이름으로 부탁하면 무엇이든 기꺼이 내줄 준비가 되어 있다. 나는 좋은 고기를 먹고, 깊은 잠을 자고, 내 아내와 아이들과 함께 편안한 생활을 하고, 당신들과 함께 웃고 즐겁게 지내고 싶다. 서로 친구가 되어 필요한 구리나 도끼를 거래하는 것이 당신들에게 영원히 쫓겨다니는 것보다 훨씬 낫다. 그걸 모를 만큼 나는 바보가 아니다.

총과 칼을 버려라. 무기는 질시와 반목의 원인일 뿐이다. 총과 칼을 버리지 않으면 당신들도 똑같은 방법으로 죽음을 맞게 될 것이다.

부러지지 않는 가지

내 가슴은 돌이다. 내 백성의 슬픔으로 무거워지고, 흰 사람들의 약속은 어떤 것도 지켜지지 않을 것을 알고 내 가슴은 차갑게 식었으며, 숨이 붙어 있는 한 끝까지 싸우리라는 결의로 딱딱하게 굳어버렸다. 지금 우리는 약하고, 많은 백성들이 두려움에 떨고 있다. 그렇지만 형제들아, 내 말을 들어라. 나뭇가지가 하나일 때는 쉽게 부러지지만, 그 하나가 모여 다발을 이루면 강해진다. 나는 언젠가 반드시 형제 부족들을 모두 끌어안아, 하나의 다발을 이루리라. 형제들과 함께 승리하여, 흰 사람들에게서 우리의 땅을 반드시 되찾고 말리라.

양심의 가책은 증오를 낳는다 🌼

'유령의 춤'은 죽은 자들의 부활을 기원하는 종교적 행사다. 이 행사는 평화적인 종교 행사였지만, 1870년 백인들은 '유령의 춤'을 인디언들이 대규모로 봉기할 조짐이라고 생각했다. 그들은 군대에 도움을 요청했고, 대부분 여자와 아이들로 구성된 비무장의 댄서 수백 명이 운디드 니에서 학살당했다.

흰 사람들은 양심이 더럽혀져 있기 때문에 '유령의 춤'을 두려워했다. 바로 몇 년 전에, 그나마 남아 있던 인디언들의 땅을 절반 이상이나 빼앗아갔기 때문에, 인디언들이 모이자 지레 겁을 먹었던 것이다. 나쁜 양심을 가진 사람들은 늘 두려움 속에서 살고, 그 두려움 때문에 자기들이 나쁜 짓을 했던 상대방을 오히려 증오하게 된다. 운디드 니의 학살도 그렇게 일어난 것이다.

패배자에 대한 배려

지금 우리는 병영에 갇혀 족쇄를 차고 있다. 이런 처사는 패배자에게 굴욕감만 심어줄 뿐이지, 아무 짝에도 쓸모없는 짓이다. 하얀비버(앳킨슨 장군)는 내가 막사를 부수고 달아나기라도 할까봐 두려워하고 있는 것인가? 그게 아니면 내게 형벌이라도 주겠다는 것인가? 하지만 하얀비버가 선택한 방법을 탓하고 싶지 않다. 이것은 흰 사람들 사이에서는 늘 있어왔던 관습이고, 나는 이것이 그의 임무 가운데 하나일 것이라 생각한다.

그렇지만 내가 만약 들판에서 그를 포로로 잡았다면, 이런 식의 대접으로 자존심을 상하게 하지 않았을 것이다. 진정한 용사라면 굴욕을 당하느니 차라리 죽음을 택한다는 것을 잘 알고 있기 때문이다.

인생이란

인생이란 무엇인가? 밤에 보는 반딧불의 섬광과 같다. 겨울철을 보내는 들소의 숨소리와 같다. 초원을 달리다 해가 지면 사라져버리는 그림자와 같다.

●

늙는다는 것은 죽음처럼 영광스럽지 못하다. 그러나 대부분의 사람들은 죽기보다 늙는 편을 택한다.

●

육신은 죽는다. 육신이란 영혼이 잠시 머무는 곳이며, 영혼의 소유물에 지나지 않기 때문이다. 그렇지만 영혼은 영원히 산다.

땅은 나의 피요 주검이다

당신이 보고 있는 흙은 보통의 흙이 아니다. 이것은 내 조상들의 피와 육신과 뼈의 먼지다. 따라서 당신이 자연 그 자체의 대지를 보고자 한다면, 깊숙이 파내려가야 한다. 윗부분의 흙은 우리 붉은 사람들이 차지하고 있을 것이므로. 땅은 나의 피요, 나의 주검이다. 이 땅은 우리에게 신성하므로, 이 땅의 어느 부분도 포기하고 싶지 않다.

남편을 잃은 여자

형제나 친구가 죽으면 눈물을 흘린다. 남편과 아내는 함께 이야기하며 그 슬픔을 달랜다. 마침내 그 아픔을 잊는다. 그러나 남편이 죽으면 이 세상 어디서도 위로를 받을 수 없다.

남편을 잃은 여자는 잠들지 못한다. 자리에 누웠다가도 금세 깨어난다. 그리고 운다. 외롭다. 먹지도 않는다. 무엇을 할지, 어디로 갈지 아무 생각이 없다. 남편을 잃은 여자는 나흘 동안 아침마다 토한다. 네 번의 아침을 맞을 동안 네 차례에 걸쳐 사잣밥을 먼 곳에 버린다. 네 번의 아침을 맞을 동안 음식을 멀리한다.

남편을 잃은 여자는 1년 동안 울어야 한다. 예전의 남편을 항상 생각해야 한다. 그러고 나면 아버지가 그 여자에게 묻는다. 여자는 행복하다, 괜찮다고 대답한다. 그러면 아버지의 형제들이 말한다.

"됐다. 이젠 울지 마라. 울어도 아무 소용없단다. 항상 그랬단다. 이젠 네가 어디서 왔는지 생각하지 마라. 오직 어디로 갈 것인지만 생각하거라."

최후의 날 이후

오, 속고 있는 백성들아. 마지막으로 내 말을 들어라! 옛적에 이 넓은 대지는 우리들 것이었다. 장엄하게 흐르는 허드슨 강변과 은물결 고요한 모호크 호수 둑에는 이제 떠들썩한 전쟁의 향연이 그쳤다.

동쪽 부족들은 오래 전에 자취를 감추었다. 그들이 쉬던 숲도 사라졌다. 우리나라의 흔적은 자취 없이 사라졌고, 그저 여기저기 개울과 마을의 인디언 이름으로만 남아 있다. 그리고 가까운 미래에 다른 부족들의 운명도 그렇게 될 것이다. 곧 그들도 그들의 형제들이 이 땅에서 자취를 감추었던 것과 똑같이 사라질 것이다.

그들은 땅 위의 수증기처럼 증발할 것이다. 그들의 역사는 망각 속에서 잊혀질 것이다. 지금 그들이 알고 있는 곳은 완전히 생소한 곳으로 바뀔 것이다. 우리는 더 이상 도망칠 곳이 없을 때까지 쫓기고 있다. 우리의 도끼는 부서졌다. 활도 부러졌다. 부족회의 모닥불은 꺼졌다. 조금만 기다리면 백인들의 박해도 끝나리라. 더 이상 우리는 이 세상에 없을 것이므로.

잃은 자의 슬픔

떠난다는 것은 고독한 일이다. 남편은 죽고, 형제들은 땅에 묻히거나 감옥으로 갔다. 가졌던 것을 모두 잃었다. 울 수도 없다. 형제와 친구들을 모두 질병과 죽음으로 잃었다면 그대는 어떤 느낌이 들겠는가? 자신의 죽음에 무심해지리라.

우리는 그보다 훨씬 잔인한 일을 당했다. 힘센 남자들과 건강한 여자들, 심지어 아이들마저 땅에 묻혔다. 그들은 죽음으로 갚아야 할 죄를 짓지 않았다. 우리가 요구했던 것은 오로지 우리의 집을, 우리 조상들의 집을 떠나지 않도록 해달라는 것뿐이었다. 이제 무거운 가슴과 찢겨진 영혼을 안고, 우리는 쫓겨가고 있다. 그러나 우리는 자유롭다. 비록 모든 것을 잃고, 침묵 속에서 적막한 겨울밤 속을 걷고 있지만.

이 땅의 주인

나는 대지와 한 마음이다. 이 땅과 우리는 한 몸이다. 말해보라. 창조의 신께서 말씀을 전하려고 당신들을 이곳에 보냈다는 것인가? 당신들은 창조자의 소명을 받아 이곳에 왔으므로, 우리를 마음대로 처리해도 좋다고 생각할 것이다. 그러나 당신들이 정말로 창조자의 심부름꾼이었다면, 신께서는 나에게도 당신들이 그런 권리가 있음을 암시해주셨을 것이다. 내 말을 오해하지는 말라. 나는 내가 이 땅의 주인이라고 말하지 않았다. 이 땅을 마음대로 팔 수 있는 사람은 이 땅을 창조하신 분뿐이다. 내 주장은 다만 우리가 여기서 살 권리가 있다는 것뿐이다. 당신도 당신의 땅에서 살 권리가 있듯이 말이다.

들소 떼의 땅

옛날에 우리는 이 땅에서 행복했다. 그때는 인간과 네발 짐승이 형제처럼 함께 살았고, 모두에게 먹을 것이 풍부했다. 그런데 흰 사람들이 이 땅에 오면서 달라졌다.

이 초원은 한때 너무 많아 셀 수 없을 만큼 들소들이 많았다. 그러나 흰 사람들이 많아질수록 더 많은 들소들이 죽음을 당했고, 들소떼가 있던 자리에는 군데군데 산더미 같은 뼈만 남겨지게 되었다. 그들은 먹기 위해 사냥하지 않았다. 오로지 그들이 사랑하는 돈을 위해 들소들의 생명을 빼앗고, 시장에 내다팔 가죽만 챙겼다. 때로는 가죽조차 버리고, 혀만 잘라갔다. 흰 사람들은 죽이는 것을 좋아하기 때문에 죽이고 또 죽인다. 하지만 우리는 반드시 먹을 만큼만 들소를 사냥한다.

인디언의 미래

우리는 항상 풍족했다. 아이들은 굶주림 때문에 울지 않았고, 우리 백성들은 부족한 게 없었다. 급하게 흐르는 물살은 풍부한 물고기를 주었고, 땅은 비옥했으며, 늘 살진 옥수수와 콩, 호박, 과일이 있었다. 우리 마을은 이 자리에서 수백 년을 이어왔으며, 우리가 여기 살고 있는 동안은 아무도 우리의 권리를 부정하지 않았다. 우리 마을은 건강했고, 이 나라에서 이처럼 훌륭한 곳도 없었다. 그리고 우리가 가진 이 계곡보다 더 나은 사냥터도 없었다. 만약 그 시절에 한 예언자가 우리 마을에 와서 앞으로 일어날 일을 예언했다면, 우리 백성들 중에 그의 말을 믿는 사람은 아무도 없었을 것이다.

내쫓긴 사람들의 슬픔

형제들이여, 그대들은 이 땅에서 영원히 기억되리라. 우리의 언어는 이 땅의 아름다운 것들에 이름을 주었고, 그 이름들은 항상 우리를 기억하게 하리라.

미네하하는 우리의 웃음이고, 세네카는 우리의 모습이며, 미시시피는 우리의 재산이다. 드넓은 아이오와와 산이 많은 다코타, 비옥한 미시간은 태양의 입맞춤에 우리의 이름을 속삭이리라. 포효하는 나이아가라와 화려한 일리노이, 노래하는 델라웨어는 우리의 죽음의 노래를 끝없이 찬송하리라. 가슴 저미는 아픔 없이 그대와 그대의 자식들이 그 영원한 노래를 들을 수 있을까? 우리가 지은 죄라면 오직 하나뿐이었다. 백인들이 탐내는 땅을 갖고 있었다는 것. 그리하여 우리는 해가 지는 곳을 향하여 끝없이 쫓겨갔다. 우리는 몇 번이고 우리의 집을 백인들에게 내주었다.

상처 입은 새

몇 번만 더 해가 지나면 이 땅에서 더 이상 우리를 볼 수 없으리라. 그때가 되면 우리의 뼛가루가 이 초원의 먼지들과 뒤섞여 흔적조차 없겠지. 나는 꿈속에서 부족회의 모닥불의 불꽃이 스러지는 모습을 보았다. 차갑게 식어 하얗게 재만 남은 모습을 보았다. 이제 우리 마을에서는 천막마다 구불구불 피어오르는 연기를 볼 수 없다. 음식을 준비하는 여인들의 콧노래를 들을 수 없다. 영양은 사라졌고, 들소가 물 마시던 웅덩이는 비었다. 이제 코요테의 길고 처량한 울음소리만 들려온다. 흰 사람들의 무당은 우리의 무당보다 힘이 세고, 이제 그들의 철마鐵馬가 들소들의 흔적 위로 달린다. 그들은 '속삭이는 정령(전화)'를 통해 우리에게 말한다.

우리는 날개가 부러진 새와 같다. 내 가슴은 안에서 얼어붙었다. 내 눈은 침침해졌다. 나는 늙었다.

의연한 죽음

죽음을 맞아야 할 때가 되면, 마음이 온통 죽음에 대한 공포에 휩싸이는 자들이 많다. 그런 자들은 죽을 때가 되면 눈물을 흘리며, 다시 자신의 삶을 다른 방식으로 살아볼 수 있게 조금이라도 생명을 연장해달라고 기도한다.

   그런 사람이 되지 말라. 기꺼이 죽음의 노래를 불러라. 그러면 집으로 돌아가는 개선장군처럼 당당하게 죽음을 맞을 수 있다.

여기서 쉬리라

옛날에 한 추장은 쫓기던 백성들을 이끌고 큰 강을 건넜다. 그리고 천막의 말뚝을 박으며 '알라바마(우리는 여기서 쉬리라)!'라고 탄성을 질렀다. 그는 앞일을 보지 못했다. 곧이어 백인들이 왔고, 그의 백성들은 그곳에서 쉴 수 없었다. 그들은 다시 내몰렸고, 음산한 늪지의 진창에 곤두박질치거나 죽음을 당했다. 그리고 그의 슬픈 탄성은 백인들의 주를 나타내는 이름이 되었다.

이제 미소짓는 별 아래서 붉은 사람들이 뿌리를 내릴 곳은 없다. '알라바마'라 외칠 수 있는 곳은 아무 데도 없다. 신들의 곁이라면 모를까.

죽은 자를 보내다

오늘은 더 이상 햇빛을 보지 못하는 이를 보내는 날이다.

이제부터 좋은 일만 생각하라. 다른 생각은 모두 부질없다. 무엇이 좋았는지, 항상 그것만 생각하라. 이젠 형제의 자식들 곁으로 돌아가 늘 함께 있어라. 친구와 형제에 대한 서운한 마음은 모두 잊어라. 오늘 이렇게 떠나면, 옛일을 돌이켜 후회하지 마라. 그들을 뒤돌아보려 하지 마라.

햇빛을 보지 못한다고 서러워 마라. 오늘 일은 네게만 일어난 것이 아니다. 산 자를 축복하여, 병들지 않게 하라. 죽은 자의 의무가 바로 이것이다. 그들을 축복하여, 이 땅에서 오래도록 살게 하라. 항상 친절함만 생각하라.

당신과 얘기를 나누는 것은 오늘이 마지막이다. 이제 우리는 더 이상 당신과 얘기하지 않을 것이다. 나의 친구, 나의 형제여.

스스로 돌보게 하라

문명인들은 뭔가 마음에 들지 않으면 모든 것을 제 손으로 고쳐야 직성이 풀린다. 때로 세상은 문제가 있더라도, 즉시 고치지 말아야 할 때도 있다. 예를 들어 자연은 내버려두면 스스로를 돌보고 치유한다. 옐로우스톤 공원은 불에 타서 잿더미가 되었지만, 1년이 채 되기 전에 다시 생명이 움텄다. 이 모습을 본 사람들은 모두 깜짝 놀랐다. 이처럼 자연은 늘 스스로를 돌보고 치유한다. 우리 인간은 대지의 일부이며, 자연의 일부일 뿐이다. 자연이 스스로를 치유하게 내버려두어라. 그러면 그렇게 될 것이다.

일곱 번째 세대

일상생활은 물론 우리의 운명과 관계된 중요한 결정을 할 때는 항상 앞으로 세상에 나올 일곱 번째 세대를 염두에 두어야 한다. 앞으로 세상에 나올 후손들에게 지금 살고 있는 이 세상보다 나쁘지 않은 세상을 물려주는 것은 우리의 의무이기 때문이다. 우리는 어머니 대지 위를 걸을 때면 항상 한 걸음, 한 걸음을 신중하게 내딛는다. 지금은 땅 속에서 세상에 나올 날을 기다리고 있는 미래의 세대들이 고개를 쳐들고 우리를 올려다보고 있다는 것을 알고 있기 때문이다. 우리는 한순간도 그 사실을 잊지 않는다.

흰 사람들에게

그대는 내게서 추하고 늙은 노인의 모습밖에 보지 못할 것이다. 하지만 내 영혼은 그대들의 눈이 보지 못하는 크나큰 능력으로 충만해 있다.

나는 산봉우리에 앉아 미래를 본다. 그대의 백성과 내 백성이 함께 어울려 살아가는 모습을 본다. 그렇지만 내 백성들은 그대들의 교육으로 인하여 나무와 풀, 짐승과 새에게서 지혜를 얻는 방법을 잊어버렸다. 늙은 현자와 조상의 가르침을 잊어버렸다. 앞으로 우리 붉은 사람들은 흰 사람들의 책을 통하지 않으면, 조상들의 삶과 지혜를 전혀 기억하지 못할 것이다. 부탁컨대, 그대는 내 얘기를 빠짐없이 기록해주기 바란다. 반드시 책으로 엮어, 먼 훗날 붉은 후손들이 진실을 알 수 있게 해주길 바란다.

만백성에게 보내는 편지

어떻게 하늘을 사고 팔 수 있을까? 어떻게 대지의 온기를 사고 팔 수 있을까? 우리에게는 너무 낯선 얘기다. 맑은 공기와 포말로 부서지는 물은 우리 것이 아니다. 그런데도 어떻게 팔라는 말인가?

이 땅은 아무리 작은 것도 신성하다. 작은 솔잎 하나부터 모래알 하나까지, 깊은 숲 속의 안개며 온갖 하찮은 벌레까지 내 백성들의 추억과 경험 속에서는 모든 것이 살아 있는 거룩한 존재다. 나무에 흐르는 수액은 후손들에게 전해줄 붉은 사람들의 기억을 담고 있다.

흰 사람들은 죽으면 별 사이를 떠돌다가 자기가 태어난 땅을 잊어버린다. 붉은 사람들은 그렇지 않다. 대지는 붉은 사람들의 어머니이기 때문이다. 우리는 땅의 일부이고, 땅은 우리의 일부다. 향기로운 들꽃은 우리의 누이다. 사슴과 말, 큰독수리, 모든 동물이 형제다. 바위산의 산봉우리와 초원의 옹달샘, 조랑말의 체온, 그리고 인간…… 이 모두가 한 가족이다.

그러므로 땅을 사고 싶다는 워싱턴 대추장의 제의는 사실 우리에게는 땅 이상의 것을 포기해야 함을 의미한다.

대추장은 그 대신 우리가 편히 살 수 있는 땅을 마련해주겠다고 했다. 그러면 그는 아버지가 되고, 우리는 그의 자식이 될 것이다. 그래서 우리는 땅을 사겠다는 제안을 놓고 곰곰이 생각했다.

아무래도 쉽지 않은 일이다. 이 땅은 우리에게 너무나 신성하다. 반짝이는 개울과 강은 그냥 물이 아니라 조상들의 피다. 혹시 우리가 땅을 팔더라도, 당신들도 반드시 이 땅의 신성함을 기억해야 한다. 후손들에게도 이 땅의 신성함을 가르쳐라. 호수의 맑은 물에 드리운 희미한 그림자는 내 백성이 겪었던 일들과 그 기억임을. 속살거리는 물결은 내 아버지의 아버지들의, 그 아버지의 아버지들의 목소리임을.

강은 우리의 형제다. 강은 갈증을 풀어주고, 카누를 날라주고, 자식들의 먹거리를 준다. 후손들에게 가르쳐라. 강은 우리의 형제이자 당신들의 형제다. 이제부터 형제를 대하듯이 강을 친절하게 대하라.

흰 사람들은 우리를 이해하지 못한다. 그들에게는 이 땅이나 저 땅이나 같다. 그들은 밤의 불청객이며, 대지로

부터 원하는 것은 뭐든 빼앗아가려고만 한다. 대지를 형제가 아니라 적으로 생각하기 때문이다. 그러므로 그들은 한 곳을 정복하고 나면 다른 곳을 찾아간다. 선조의 무덤을 버리고 떠나, 그 땅을 돌보지 않는다. 선조의 무덤과 그 땅을 물려받을 후손들의 타고난 권리에 무심하다. 그들에게 대지와 하늘은 돈으로 살 수 있는 물건이다. 약탈의 대상이고, 양이나 빛나는 구슬처럼 팔 물건일 뿐이다. 그리하여 그들의 탐욕은 온 대지를 집어삼키고, 마침내 사막밖에 남지 않게 되리라.

정말 이해할 수 없다. 우리는 당신들과 다르다. 당신네 도시의 풍경은 붉은 사람들의 눈을 아프게 한다. 백인들의 도시는 조용한 곳이라곤 없다. 따사로운 봄 햇살에 잎이 열리는 소리도, 재잘대는 날벌레들의 날갯짓소리도 들리지 않는다. 흰 사람들은 그렇게 작은 소리는 귀를 모독하는 것이라고 생각하는 모양이다. 쏙독새 무리의 외로운 울음과 한밤중에 연못가에서 들려오는 개구리들의 말다툼을 들을 수 없다면, 삶이 어떻게 될까?

나는 붉은 사람이라, 당신들을 이해 못하겠다. 우리는

연못의 수면을 스치는 부드러운 바람소리를 사랑한다. 한낮의 소나기에 정화된 바람 냄새를 사랑한다. 소나무 열매의 향기를 담은 바람 그 자체의 냄새를 사랑한다.

붉은 사람에게는 공기가 소중하다. 살아 있는 모든 것들이 함께 숨을 나누기 때문이다. 짐승과 나무, 사람이 모두 함께 숨을 나누기 때문이다. 하얀 사람들은 자기가 어떤 공기를 숨쉬고 있는지 무심하다. 여러 날 동안 사경을 헤매고 있는 사람들처럼 고약한 냄새를 느끼지 못한다. 하지만 우리가 땅을 팔더라도 이것만은 명심해달라. 공기는 소중하며, 숨쉬는 모든 것들과 그 영혼을 나누고 있다는 것을.

바람은 내 조상들에게 첫 숨을 주었고, 마지막 숨을 거두었다. 그러므로 우리가 이 땅을 팔더라도 이 땅을 따로 관리하여, 흰 사람들도 초원에 자라난 들꽃의 향긋한 내음을 맛보러 올 수 있는 신성한 곳이 될 수 있도록 해주길 바란다.

땅을 사겠다는 제안은 잘 생각해보겠다. 그렇지만 제안을 받아들이더라도 한 가지 조건을 제시할 것이다. 하얀 사람들도 반드시 이 땅의 짐승들을 형제로 받아들여야 한다.

  나는 미개하므로 다른 삶의 방식을 모른다. 수천 마리의 들소들이 들판에 버려진 채 썩고 있는 모습을 본 적이 있다. 기차가 다닐 수 있도록 하기 위해 흰 사람들이 총으로 쏴 죽인 것이다. 나는 미개한 사람이라 연기를 뿜어내는 철마가 왜 들소보다 소중한지 모르겠다. 우리는 살기 위해 필요한 만큼만 사냥을 하는데 말이다. 짐승이 없다면 사람은 어떻게 될까? 짐승들이 모두 사라지고 나면 사람도 영혼이 너무 외로워진 나머지 멸망하고 말 것이다. 짐승들에게 무슨 일이 일어난다면, 그것이 무엇이든 사람들에게도 곧 똑같은 일이 일어날 것이다. 만물은 이어져 있으므로.

  당신의 후손들이 밟을 이 땅은 우리 조상의 유골이다. 그러므로 그들에게도 이 땅을 존중해야 한다고 가르치기 바란다. 자식들에게 이곳은 우리 형제들의 삶으로 풍성해진 땅이라고 얘기하라. 우리는 후손들에게 이 대지가 우리의 어머니라고 가르치고 있다. 당신들도 그렇게 가르쳐

라. 누가 이 땅을 소유하든 이 땅은 대지의 자식들 것이다. 이 땅에 침을 뱉는다면, 그것은 곧 자기 얼굴에 침을 뱉는 것이다.

인간은 대지를 소유할 수 없다. 오히려 인간이 그 대지에 속한다. 우리는 그렇게 알고 있다. 가족이 피를 통해 서로 연결되듯이, 만물은 서로 그렇게 연결되어 있다.

흰 사람들은 길을 가르쳐줄 친절한 신이 있다고 말한다. 그러나 그들도 공동의 운명을 벗어날 수는 없다. 그러므로 우리는 결국 한 형제다. 우리는 그것을 알고 있다. 백인들도 그것을 언젠가 알게 되리라. 우리의 신과 당신들의 신은 둘이 아니라 하나이기에.

흰 사람들은 우리의 땅을 빼앗듯이, 신도 독점할 수 있다고 생각한다. 그러나 있을 수 없는 일이다. 신은 모든 사람들의 신이다. 붉은 사람이나 흰 사람이나, 신은 똑같이 긍휼히 여긴다. 대지는 신에게도 소중하며, 대지에 해를 끼치는 것은 창조주를 모독하는 것이다. 흰 사람들도 멸망할 것이다. 어쩌면 어떤 부족보다 빨리 멸망할지도 모른다. 자기 잠자리를 오염시킨 사람은 곧 자기가 버린

쓰레기로 질식해 죽을 것이기 때문이다.

당신네 흰 사람들은 신의 힘으로 멸망 직전에 환한 불을 밝히고 있다. 신은 어떤 특별한 이유 때문에 당신들을 데려와 이 땅과 붉은 사람들을 지배하게 했을 것이다. 우리는 당신들의 운명이 무엇인지 모른다. 모든 들소들이 살육되고, 모든 야생마들이 길들여질 것이며, 은밀한 숲의 구석구석이 수많은 사람들의 냄새로 가득 차고, 과실이 무르익는 언덕이 전화선으로 더럽혀지면 비로소 알게 되겠지만······.

숲은 어디 있는가? 사라졌다. 독수리는 어디 있는가? 모두 사라졌다. 이제 삶은 끝나고, 생존만 남았다.

스티븐스 주지사에 대한 연설문

저 하늘은 수백 년 동안 내 백성을 위해 소리 없이 눈물을 흘렸다. 그렇게 영원히 변치 않던 하늘도 이제는 변한다. 오늘은 맑지만 내일은 먹구름을 드리울 것이다.

하지만 내 말은 하늘의 별처럼 변치 않는다. 나 시애틀이 무슨 말을 하든, 해와 계절이 돌아오는 것처럼 워싱턴의 대추장은 내 말을 믿을 수 있을 것이다.

백인 추장(주지사 스티븐스)은 워싱턴의 대추장이 우리에게 우정과 선의의 뜻을 전했다고 했다. 참으로 다행스런 일이다. 그가 이렇게까지 우리에게 우정을 표시할 필요가 없다는 것을, 우리는 알고 있다. 그의 백성은 드넓은 초원을 가득 뒤덮은 풀처럼 많지만, 내 백성은 폭풍이 지나간 평원에 듬성듬성 흩어진 나무들처럼 적기 때문이다.

대추장은 우리의 땅을 사고, 대신 편안하게 살 수 있는 땅을 주겠다고 했다. 붉은 사람들에게는 실로 관대한 제안이다. 우리들에게는 그가 존중해야 할 권리가 더 이상 없기 때문이다. 또한 그 제안은 어쩌면 현명한 제안일 수도 있다. 이제 우리에게는 그처럼 넓은 땅이 필요없어졌기 때문이다.

옛적에 우리 백성은 바람 부는 날 조개껍데기 모양으로 일어나는 파도가 온 바다를 뒤덮듯이 이 땅을 가득 메웠다. 하지만 그런 시대는 오래 전에 사라졌고, 이제 부족의 영광은 서글픈 기억으로만 남았다. 나는 우리의 때 이른 멸망에 집착하지 않겠다. 서러워하지도 않겠다. 우리도 책임이 있기 때문에 우리의 몰락을 재촉한 백인 형제를 탓하지도 않겠다.

젊은이들은 충동적이다. 우리 젊은이들도 부당한 대접을 받으면 곧장 격분하여, 얼굴에 검은 물감을 발랐다. 그것은 마음이 검어져, 잔인하고 무자비해진다는 것을 의미했다. 늙은이들은 그들을 말리지 못했다.

여태껏 그렇게 흘러왔다. 백인들이 우리 선조들을 서쪽으로 내몰던 때부터 그렇게 싸워왔다. 그러나 우리 사이의 적대감이 다시 부활하지 않기를 바라자. 우리는 잃을 것뿐이고, 얻을 것은 하나도 없다. 젊은 용사들은 설사 자기 목숨을 잃더라도, 복수를 소득이라고 생각한다. 그러나 전쟁 때 천막을 지켰던 늙은이들과 전쟁에서 자식을 잃을지도 모르는 어머니는 그렇게 어리석지 않다.

　워싱턴의 대추장은 우리의 아버지가 되었다. 킹 조지의 경계가 훨씬 북쪽으로 옮겨지면서, 이제 그가 당신들뿐만 아니라 우리에게도 아버지가 되었다. 그 아버지는 우리가 그의 뜻을 따르면 우리를 보호해주겠다고 했다. 그의 용감한 군인들은 우리의 튼튼한 성벽이 되고, 전함이 우리 항구를 가득 메울 것이다. 그리하여 북쪽의 오랜 적들, 헤이다 족과 침시언 족이 더 이상 여자들과 아이들, 노인들을 놀라게 하지 못할 것이다.

　그렇게 되면 그는 정말로 우리의 아버지가 될 것이며, 우리는 그의 자식들이 될 것이다.

　그것이 영원할 수 있을까?

　당신의 신은 우리의 신이 아니다. 당신의 신은 당신의 백성들을 사랑하고, 우리 백성들은 미워한다. 당신의 신은 마치 아버지가 어린 아들을 이끌듯이, 흰 사람들을 향해 자애롭게 팔을 내밀어 엄중하게 보호하며 길을 인도했다. 그렇지만 그 신은 붉은 피부의 자식들 포기한 것이 틀림없다. 정말 우리가 그 신의 자식이라면 말이다.

우리의 신인 위대한 정령도 우리를 버렸다. 당신의 신은 당신의 백성을 하루하루 강하게 갈고 닦았다. 머지않아 그들은 온 땅을 가득 메우리라. 우리 백성은 썰물처럼 금세 사라지고, 다시 돌아오지 못하리라.

흰 사람들의 신은 우리 백성을 사랑하지도, 보호하지도 않는다. 우리 백성은 아무도 도와주지 않는 고아나 마찬가지다. 그런데도 우리가 형제가 될 수 있을까? 당신의 신이 우리의 신이 될 수 있을까? 그 신이 어떻게 우리의 영광을 되돌려, 다시금 그 거룩한 꿈을 일깨울 수 있을까?

당신과 내가 똑같은 하늘의 아버지를 가졌다면, 그 아버지는 공평했어야 한다. 아니면 흰 사람들만이 그의 자식이었거나. 우리는 신을 보지 못했다. 신은 법을 만드셨지만, 당신의 붉은 자녀들에게는 아무 말씀도 하지 않으셨다. 하늘의 별처럼 셀 수 없이 많은 숫자로 이 드넓은 대륙을 가득 메웠던 붉은 사람들에게는 아무 말씀도 하지 않으셨다.

아니다. 우리는 온 곳도 다르고 가야 할 운명도 다른

별개의 종족이다. 공통점이 없다.

선조들의 유골은 우리에게 중요하다. 그들이 쉬고 있는 땅은 신성한 장소다. 당신들은 우리 조상들의 무덤은 안중에도 없으며, 전혀 미안해하지도 않는다.

당신의 종교는 석판에 신의 강철 손가락으로 쓰였고, 따라서 절대 잊혀지지 않는다. 붉은 사람은 그 내용을 전혀 이해하지도, 기억하지도 못한다. 하지만 우리의 종교는 조상들의 전통이다. 신성한 밤에 얻은 원로의 꿈이며, 추장의 통찰력이다. 우리 백성은 종교를 가슴에 쓴다.

당신들은 죽어 무덤으로 들어가 별 사이를 방황하기 시작하면, 이내 태어난 땅을 잊는다. 금세 잊고, 다시는 돌아오지 않는다. 하지만 우리의 죽은 자들은 자기에게 삶을 주었던 아름다운 세계를 결코 잊지 못한다. 신록이 무성한 계곡과 속살거리는 강, 장대한 산, 은밀하게 감춰진 골짜기, 호수와 만을 따라 띠처럼 늘어선 푸릇푸릇한 나무들을 잊지 못하고, 고적한 삶에 대한 따뜻한 애정을 갈망하며, 때때로 저승에서 돌아와 그 땅을 찾고, 후손을 이끌어주고 위로하며 편안하게 해준다.

낮과 밤은 함께 할 수 없다. 동트기 전에 태양이 새벽 안개를 몰아내듯, 붉은 사람들은 흰 사람들에게 끝없이 쫓겨다녔다.

그러나 이번 제안은 공정한 것 같다. 내 백성들도 이 제안을 받아들여 보호구역으로 들어갈 것 같다. 그러면 평화롭게 살 수 있을 것이다. 대추장의 말은 내 백성들에게 우리를 짙은 어둠에서 구해줄 대자연의 말처럼 보일 것이다.

어디에 우리 시대의 흔적을 남기느냐는 중요치 않다. 그리고 남길 흔적도 많지 않다.

붉은 사람들의 밤은 캄캄하다. 그들의 지평선 위에는 단 하나의 희망의 별도 떠 있지 않을 것이므로. 저 멀리 슬픈 바람이 탄식한다. 암울한 운명은 붉은 사람들의 몫이다. 어딜 가든 붉은 사람들은 그들의 종족을 멸종시키기 위해 뒤쫓는 파괴자들의 발걸음 소리를 듣게 되리라. 상처 입은 암사슴이 다가오는 사냥꾼의 발걸음 소리를 듣고 있듯이 담담하게 운명을 맞아들일 준비를 하리라.

몇 번 더 달이 바뀌고, 몇 번 더 겨울이 지나면, 붉은 사람들은 한 사람도 남지 않을 것이다. 그 옛날 이 드넓은 땅으로 옮겨와 행복한 집을 꾸리고, 위대한 정령의 보살핌을 받던 사람들의 후손은 모두 사라지고, 한때 당신의 백성보다 강하고 더 희망에 차 있던 이들의 무덤 앞에는 탄식할 사람마저 하나 없게 되리라.

하지만 내 백성의 때 이른 숙명을 탄식할 필요가 있을까? 한 부족이 가면 다른 부족이 온다. 한 나라가 망하면 다른 나라가 세워진다. 바다의 뒷물결이 앞물결을 밀어내듯이. 자연의 섭리가 이러한데, 안타까워한들 무슨 소용이 있을까?

당신들이 멸망할 날은 아직 멀었을지도 모르겠다. 그러나 당신들도 언젠가 반드시 멸망한다. 친구처럼 다정한 신의 인도를 받는다 해도 공동의 운명을 피할 수 없다. 그러므로 우리는 결국 한 형제일 수밖에 없다. 우리는 그것을 알고 있다.

당신의 제안을 깊이 생각하여, 결정이 나는 대로 알려주겠다. 그 제안을 받아들인다 해도 반드시 한 가지 단서가 필요할 것이다. 우리가 아무 간섭도 받지 않고 언제든지 우리 선조들과 형제와 자식들의 무덤을 찾을 수 있게 해달라.

이 땅은 구석구석 내 백성들에게 소중하지 않은 곳이 없다. 언덕배기마다 계곡마다, 들판이나 무덤마다, 이 땅은 기쁘거나 슬프거나, 오래 전에 잊혀졌던 수많은 사건들로 인하여 신성한 의미를 담고 있다.

뜨거운 태양 아래 무더위에 지쳐, 고요한 해변을 따라 죽은 듯이 말이 없는 바위도, 내 백성의 삶과 관계된 갖가지 사건들과 맥박을 같이했다. 지금 당신이 서 있는 그곳의 흙은 당신들보다는 내 백성의 발자국에 훨씬 따뜻하게 반응한다. 그 흙은 내 조상의 피로 풍성해졌고, 맨발은 애정 어린 접촉을 뜻하기 때문이다.

붉은 사람들은 무덤 속의 용사들과 다정한 어머니들, 생기발랄한 처녀들, 심지어 여기서 채 몇 계절도 지나지 않은 어린아이까지 이 어둡고 고적한 곳을 사랑한다. 그리고 해거름이 되면, 어스름 돌아오는 영혼을 반겨 맞는다.

마지막 붉은 사람이 사라지고, 흰 사람들이 내 부족을 신화로 기억하게 될 때, 이 해변은 내 부족들의 보이지 않는 혼백들로 가득 차리라. 흰 사람의 자식들의 자식들이 이 들판과 상점과 공장에서, 신작로 위에서, 혹은 길도 없는 숲 속의 침묵 속에서 외롭다고 느낄 때 그들은 결코 혼자가 아닐 것이다. 이 대지에 고독한 곳은 없다. 밤이 찾아와 흰 사람들의 마을과 도시가 정적에 묻히면, 당신들이 아무도 없다고 생각할 때면, 그곳은 한때 그곳을 가득 채웠던, 아직까지도 그 아름다운 땅을 사랑하고 있는 주인들의 귀향으로 붐비리라. 흰 사람들도 결코 혼자가 아닐 것이다.

그들을 내쫓으려 하지 말라. 친절하게 대하라. 죽은 사람이라고 아무 힘도 없을 거라 생각하지 말라.

내가 죽은 자라고 말했던가? 아니다, 죽음이란 없다. 단지 세계가 변하는 것일 뿐이다.

---

* 시애틀 – 백인들에게 우호적이었던 두워미시 족의 추장이며, 정치가, 외교가. 워싱턴 주의 시애틀은 그의 이름을 딴 것이다. 그는 1849년 골드러시로 백인들이 밀려오자 포트 엘리엇 조약에 서명하고 자발적으로

인디언보호구역으로 들어갔다. 이 책에 실린 그의 연설은 1854년 주지사 아이작 스티븐스 Isaac Stevens 앞에서 살리시 어로 했던 것이다.

이 책을 엮는 데 도움을 준 책들

- Brave are My People, Frank Waters, Swallow Press.
- The Soul of Indian, C. A. Eastman, Bison Books.
- In a Sacred Manner I Live, Neil Philip, Clarion Books.
- The Wisdom of Native Americans, Kent Nerburn, New World Library.
- The Soul Would Have No Rainbow If the Eyes Had No Tears, Guy A. Zona, Touch Stone.
- The Magic World, William Brandon, Ohio Univ. Press.
- Dictionary of Native American Mythology, Sam D. Gill & Irene F. Sullivan, Oxford Univ. Press.
- Catch the Wisper of the Wind, Cheewa James, Health Communication Inc.
- The Winged Serpent, Margot Astrov, Beacon Press.
- The Sacred Path, John Bierhost, Quill.
- The People: Native American Thought and Feeling, Roger Hammer, The Book Publishing Company.
- American Indian Myths and Legends, Richard Erdoes and Alfonso ortiz, Pantheon Books.
- Shaking Pumpkin, Jerome Rothenberg, Univ. of New Mexico Press.
- Americna Indian Poetry: An Anthology of Songs and Chants, George W. Cronyn, Fawcett.
- Native Wisdom, Joseph Bruchac, Harper Sanfrancisco.